Negros e política
(1888-1937)

Flávio Gomes

Negros e política (1888-1937)

ZAHAR

Grafia atualizada segundo o Acordo Ortográfico da Língua Portuguesa de 1990, que entrou em vigor no Brasil em 2009.

Capa
Sérgio Campante

Vinheta da coleção
ilustração de Debret

Preparação de originais
Rita Jobim

CIP-Brasil. Catalogação na fonte
Sindicato Nacional dos Editores de Livros, RJ

Gomes, Flávio dos Santos
G614n Negros e política (1888-1937) / Flávio Gomes. — 1ª ed. — Rio de Janeiro: Zahar, 2005.
il. — (Descobrindo o Brasil)

Inclui bibliografia
ISBN 978-85-7110-876-9

1. Negros — Brasil — Condições sociais. 2. Escravos — Emancipação — Brasil — História. 3. Negros — Política governamental — Brasil — História. 4. Brasil — Relações raciais — História. 5. Igualdade. 6. Movimentos sociais. I. Título. II. Série.

CDD: 305.896081
05-2429 CDU: 316.356.4(=414/=45)

EDITORA SCHWARCZ S.A.
Praça Floriano, 19, sala 3001 — Cinelândia
20031-050 — Rio de Janeiro — RJ
Telefone: (21) 3993-7510
www.companhiadasletras.com.br
www.blogdacompanhia.com.br
facebook.com/editorazahar
instagram.com/editorazahar
twitter.com/editorazahar

FSC
www.fsc.org
MISTO
Apoiando o manejo florestal responsável
FSC® C128038

A marca FSC® é a garantia de que a madeira utilizada na fabricação do papel deste livro provém de florestas que foram gerenciadas de maneira ambientalmente correta, socialmente justa e economicamente viável, além de outras fontes de origem controlada.

Esta obra foi composta por TopTextos Edições Gráficas em Adobe Garamond e Rotis Semi Sans e impressa em processo sob demanda pela Um Livro sobre papel offset para a Editora Schwarcz a partir de 2024

Sumário

Créditos das ilustrações

Reproduções de jornais do acervo do Arquivo Público de São Paulo.

Fotografias do acervo pessoal de Francisco Lucrécio, à exceção daquelas das páginas 13 e 33 reproduzidas de *Palmares*, de Luiz Galdino (São Paulo, Ática, 1993).

Introdução: As cores da política

Em 24 de setembro de 1874, o estatuto da Associação Beneficente Socorro Mútuo dos Homens de Cor era enviado para consulta e aprovação do Conselho de Estado do Império. Tratava-se de uma entidade surgida em outubro de 1873, sediada na Ladeira do Senado nº 6A, na localidade de Paula Matos. De início, nada de extraordinário em meio às dezenas de petições e estatutos de sociedades beneficentes e de auxílio mútuo que eram submetidas ao parecer dos conselheiros, principalmente nas décadas de 1860 e 70. Em resposta, deferimentos, exigências, solicitação de esclarecimentos, retificações e indeferimentos. Era comum acusarem-se erros, equívocos ou omissões de natureza administrativa e legal na organização de tais entidades e na formulação de seus estatutos.

No estatuto da Associação Beneficente Socorro Mútuo dos Homens de Cor constava, entre outras coisas, que seu fim era "promover tudo quanto estiver ao seu alcance em favor de seus membros". E quem eram eles? Como em quaisquer outras associações e sociedades da época, havia exigências para a admissão como sócio, além da aprovação das assembleias e diretorias. No caso em questão: ter idade mínima de 14 anos, ter "bom procedimento" e "ser livre, liberto, ou mesmo sujeito de cor preta, de um ou outro sexo".

A resposta do Conselho foi a rejeição, num parecer final de 16 de janeiro de 1875. A principal razão do indeferimento era a existência de irregularidades na confecção do estatuto, sobretudo a falta de assinaturas dos sócios instaladores e das testemunhas. Era assim recusado o argumento de José Luiz Gomes, que, na petição, assinava por todos os requerentes. Levantava-se mesmo a hipótese de que os sócios não soubessem ler nem escrever. Como poderiam requerer uma associação e arrecadar contribuições de seus membros? Esses são os argumentos destacados como razão para o indeferimento. Porém, na parte final do parecer dos conselheiros Visconde de Souza Franco, Marquês de Sapucaí e Visconde de Bom Retiro, encontra-se o que talvez seja a principal justificativa para a rejeição do estatuto e da associação:

> Os homens de cor, livres, são no Império cidadãos que não formam classe separada, e quando escravos não têm direito a associar-se. A Sociedade especial é pois dispensável e pode trazer os inconvenientes da criação do antagonismo social e político: dispensável, porque

> os homens de cor devem ter e de fato têm admissão nas Associações Nacionais, como é seu direito e muito convém à harmonia e boas relações entre os brasileiros.

Ao longo do século XIX, são vários os episódios — apesar das poucas narrativas da historiografia — em que a questão racial envolvendo libertos, africanos e "homens de cor" foi colocada em pauta. É possível recompor expectativas e projetos políticos tanto de escravos como de setores de homens pardos e negros letrados, mesmo na Independência e no período regencial. O temor da "africanização" determinou o fim do tráfico e os projetos de imigração europeia. Paulatinamente constituíram-se leituras políticas sobre os sentidos de cidadania, mestiçagem, hierarquia e sujeição de vários setores sociais, nas quais a questão étnica e o discurso sobre a nação dialogavam. Mesmo sob silêncios estridentes. Ou no alarde de sua negação. Não apareceram necessariamente em movimentos coletivos, mas também individualmente ou, de forma invertida, nos projetos de políticas públicas de setores das elites.

Nas últimas décadas da escravidão, movimentos abolicionistas e projetos de lei foram acompanhados tanto por um processo de fuga em massa dos escravos como por intensa mobilização popular, principalmente nas cidades. Essa é uma história que ainda não foi escrita. A desigualdade não foi necessariamente inaugurada com a abolição. Ganhou contornos, marcas e argumentos econômicos e científicos.

Em abril de 1889, menos de um ano depois da assinatura da chamada Lei Áurea, uma comissão formada por libertos no Vale do Paraíba enviou uma carta a Rui Barbosa. Reivindicava apoio do então jornalista para denunciar que a legislação do fundo de emancipação de 1871 — que previa recursos do governo imperial e principalmente responsabilidade dos proprietários de escravos em relação àqueles nascidos livres e beneficiados pela lei — pouco havia sido cumprida, especialmente no caso da parcela do imposto a ser destinada à "educação dos filhos dos libertos". A carta da comissão de libertos terminava com um alerta: "Para fugir do grande perigo que corremos por falta de instrução, vimos pedi-la [educação] para nossos filhos e para que eles não ergam mão assassina para abater aqueles que querem a República, que é liberdade, igualdade e fraternidade." Vieram o regime republicano em novembro de 1889 e um ministério para Rui Barbosa em 1891, mas permaneceu a inexistência de políticas públicas para além da intolerância e da truculência.

Expectativas diferentes marcaram o cronograma dos primeiros dias, meses e anos pós-emancipação. Imagens sobre controle, dádivas, ameaças, desordem, manipulação, caos e gratidão surgiram e se multiplicaram. Nem tudo era festa — como dão a entender certas reflexões ou como foi cristalizado pela memória de determinados grupos abolicionistas. Um mês depois, em maio de 1889, também no Vale do Paraíba, uma certa senhora Pequetita Barcelos encontrava-se deveras assustada com o primeiro aniversário da abolição, chamando o 13 de maio de "malfadado dia". Em meio às disputas entre republicanos e monarquistas, temia por sua vida e a de seus familiares, pois os libertos — avaliava em missiva a seus parentes — estavam "altaneiros" e já não faziam questão de outras coisas, "mas sim da raça".

As primeiras décadas pós-emancipação foram decisivas para os sentidos de liberdade, cidadania e autonomia. A questão parecia ser não tanto *quem* eram os protagonistas da liberdade, mas sim quais os *significados* desta. Liberdade para quê? No mundo rural, migrações familiares alternavam-se com arranjos coletivos, e o status dos negros oscilava entre o de camponeses, parceiros e vadios, abrindo fronteiras ou fechando portas. Nas áreas urbanas, ao contrário do êxodo rural de uma suposta desqualificada massa negra alijada do mercado de trabalho, assistia-se ao ressurgimento de tradições operárias, em que o debate sobre *raça* e *nação* podia ser travado no braço. São vários os exemplos de refregas sindicais entre trabalhadores nacionais e estrangeiros, muitos dos quais confrontos diretos entre negros e imigrantes.

O que significava ser cidadão, ser integrado ou transformar-se em brasileiro? Ex-escravos e seus filhos não precisaram ser alertados para reconhecer que entre a herança e o legado do cativeiro estavam suas identidades reinventadas em parentescos, visões de mundo, lembranças e recordações — tudo permanentemente modificado e reconstituído. Não eram apenas fardos que arrastariam inexoravelmente ou de que poderiam se desfazer na primeira esquina da liberdade. Estavam marcados nos corpos e nas mentes — nunca em termos biológicos, mas por expectativas políticas. Lutar por terra, autonomia, contratos, moradias e salários — e enfrentar a costumeira truculência — era reafirmar direitos, interesses e desejos redefinidos, também, em termos étnicos, coletivos e culturais. Havia muita coisa em disputa. Para a população negra não era apenas uma aposta num futuro melhor, mas o desejo de bancar o próprio jogo.

O objetivo deste livro é abordar uma face da mobilização negra no período pós-abolição. A partir de alguns episódios em torno da Guarda Negra (1888-1889), da Frente Negra Brasileira (1931-1937) e da Legião Negra (1932), analisamos as percepções e mobilizações políticas e os debates sobre a questão racial nas primeiras décadas republicanas.

Emancipando sob a Guarda Negra

Os derradeiros meses de 1888 não foram só de festejos e celebrações. Havia muita expectativa a respeito do controle da população recém-libertada, principalmente nas áreas rurais. Os fantasmas da desordem e do caos econômico rondavam as mentes de abolicionistas, fazendeiros, republicanos e monarquistas.

Ainda sob o clima da campanha abolicionista, os debates continuavam nas ruas do Rio de Janeiro. O tema do 13 de maio e seus desdobramentos dominava fazendas, estradas, gabinetes e redações de jornais. A campanha republicana avançou com força no segundo

Missa de Ação de Graças pelo fim da escravidão, celebrada em 13 de maio de 1888 no Rio de Janeiro, com a presença da Princesa Isabel e do Conde D'Eu.

semestre de 1888. Organizaram-se vários centros de propaganda, e a realização de comícios intensificou-se. Abolicionistas importantes estavam divididos: uns davam apoio declarado à causa republicana, enquanto outros empenhavam-se na defesa da Monarquia. Disputas políticas atravessavam palácios, gabinetes e ruas, e alcançavam a imprensa, que denunciava manobras ministeriais do gabinete conservador e até mesmo uma possível conspiração do Conde d'Eu para a instalação do Terceiro Reinado. Alguns setores abolicionistas — e mais ainda os monarquistas — agarravam-se à figura da Princesa Isabel para se proteger dos ataques republicanos. Defender a Monarquia, na situação política por eles manipulada, era defender a abolição e a Princesa.

Nas áreas rurais, festas e comemorações cederam lugar à apreensão. Mesmo com intolerância, fazendeiros — deveras insatisfeitos com a abolição imediata — tentavam manter os ex-escravos nas unidades produtivas. Os libertos, apelidados de "os 13 de maio", procuravam redefinir os rumos de suas vidas. Famílias negras inteiras abandonaram fazendas, migrando para outras regiões. Não poucos negociaram permanência e relações de trabalho com antigos proprietários, garantindo salários, parcerias e roças.

Para muitos libertos, principalmente em cidades como Rio de Janeiro, Salvador, Santos, São Luís, Recife e Porto Alegre, uma face do debate político teve como interlocutores os propagandistas republicanos, em embates nas ruas e na imprensa. Antes invisíveis, os negros (não só os libertados no 13 de maio) foram considerados personagens novos nas disputas políticas. Com a organização da Guarda Negra no Rio de Janeiro, em finais de 1888, a mobilização negra ganhou renovada visibilidade. As ruas e os editoriais dos jornais, cada um a seu modo, transformaram-se em palcos de confrontos de ideias.

Também no interior foram vários os conflitos, mesmo armados, entre libertos e propagandistas republicanos. Capitalizados pelo cenário político da época, tais embates foram alvo de polêmicas, sobretudo nos jornais. Muitos insistiriam — como ainda hoje algumas abordagens historiográficas o fazem — que a Guarda Negra e os conflitos em torno dela nada mais eram do que manipulação monarquista com o uso de capangas e capoeiras, como ocorria em períodos eleitorais no Império. Outros perceberam nos ataques republicanos muito de intolerância, inclusive com discurso racista, uma vez que criticavam os desdobramentos do pós-emancipação e a politização dos libertos.

A Guarda Negra provocou episódios e repercussões diversos em outras partes do Império. Na cidade de São Paulo também se registraram polêmicas jornalísticas sobre ela, travadas nos periódicos *Província de São Paulo* e *A Redenção*. Já em Campinas, no início de 1889, um grupo de libertos distribuiu um documento intitulado "Protestos dos homens de cor", que, entre outras coisas, dizia: "Os libertos, aqui reunidos em assembleia popular para tratarem do interesse da sua classe, vêm declarar que de modo algum concordam com a organização da Guarda Negra com o fim de defender o trono da princesa." Em São Luís, o historiador João Lima conta, por exemplo, que um grupo de negros reagiu à proclamação da República invadindo a redação do periódico republicano *O Globo*. Essa manifestação foi imediatamente reprimida pela força policial local, tendo resultado na morte de vários ex-escravos. O historiador norte-americano M. Trochim aponta interessantes ramificações da Guarda Negra e ações de libertos nos meses que se sucederam à abolição, na Bahia, no Espírito Santo, em Minas Gerais, no Rio de Janeiro, em São Paulo e no Rio Grande do Sul.

Mas o que era, afinal, a Guarda Negra? Seria apenas fruto da manipulação política entre o final de 1888 e meados de 1889? O que sabemos sobre ela é o que apareceu na imprensa. Criada alguns meses depois da abolição, foi desde o início alvo de críticas e controvérsias. Houve diversas versões sobre a data e o local de seu surgimento. Teria sido criada em 1888 pela Confederação Abolicionista, justamente quando da comemoração do aniversário da Lei de 1871 e como uma homenagem à Princesa Isabel (que recebera do papa Leão XVIII a Rosa de Ouro). Tudo se deu, segundo consta, nas dependências do periódico abolicionista

Cidade do Rio. Ali se teriam reunido abolicionistas como João Clapp, José do Patrocínio e representantes da Liga dos Homens de Cor, oficializando então a criação da Guarda Negra: uma organização de libertos que deveria proteger e defender a liberdade dos negros e, em especial, a figura da Princesa Isabel, que a representava. Há, porém, registros de um encontro anterior, ocorrido em julho na casa do abolicionista Emílio Roudé, com a presença de vários libertos. Nada sabemos, porém, sobre quem eram tais libertos ou mesmo sobre os representantes da Liga dos Homens de Cor. Seria esta um prolongamento daquela organização que tentou oficializar-se em 1874?

Considerando a efervescência política e o debate envolvendo monarquistas e republicanos, fato é que a notícia da criação da Guarda Negra provocou alvoroço. Houve logo um cerco de especulações sobre seus objetivos, influências e lideranças. A atuação política dos "homens de cor" na Guarda Negra ganhou grandes dimensões no noticiário dos últimos dias de 1888. Em 30 de dezembro realizou-se na Sociedade Francesa de Ginástica, no Largo do Rocio (atual praça Tiradentes), um comício republicano. Nessa época ocorriam inúmeros *meetings*, como eram chamados esses comícios, na então Corte imperial. Inicialmente envolviam abolicionistas e, em finais de 1888, cada vez mais republicanos. O principal orador, nessa ocasião, foi o republicano Silva Jardim, considerado radical. No encerramento do comício, criou-se um conflito generalizado entre libertos e republicanos, pois, segundo consta, os primeiros reagiram aos ataques à Princesa Isabel e à Monarquia. No confronto houve tiros e muitos feridos, em função da intervenção policial.

Os libertos e a Guarda Negra mobilizados nas ruas enfrentaram logo os ataques da imprensa. Periódicos diversos revezavam-se, noticiando os conflitos com detalhes e interpretações variadas. As críticas principais vinham das folhas republicanas. Consideravam a Guarda Negra uma milícia de navalhistas e capoeiras arregimentada pelo ministério do conservador João Alfredo. O objetivo seria intimidar e provocar os "seguidores dos ideais republicanos". Com a conivência da polícia, grupos de libertos teriam iniciado a pancadaria, avaliavam. É bem verdade que o clima estava tenso, pois o próprio comício foi antecedido de provocações, denúncias de desordens e, mesmo, de que se daria a intervenção da Guarda Negra.

O que mais assustava observadores da época era a deflagração de um conflito explicitamente envolvendo libertos contra republicanos. Imagens de manipulação política apareceram com força. O republicano Alcindo Guanabara bateu firme nessa tecla. Escreveu no periódico *Novidades* que a Guarda Negra nada mais era do que a "polícia secreta dos demagogos". Já o jornal *O País* denunciou que a agressão aos republicanos partira de um "grupo de homens de cor", e que havia boatos de que Silva Jardim poderia ser assassinado.

Alguns periódicos abolicionistas, principalmente o *Cidade do Rio*, e políticos como José do Patrocínio saíram em defesa da Guarda Negra, apontando outras razões para o conflito naquele comício. Diziam que a Guarda Negra, ao contrário de um grupo de "desordeiros", era um "partido político tão legítimo como outro qualquer". Ainda que os editoriais de Patrocínio fossem uma resposta aos ataques das folhas republicanas, sua declaração de que havia ocorrido uma "explosão da cólera popular" é reveladora. Em sua participação como militante abolicionista na Corte, Patrocínio já tinha observado não apenas como a população pobre intervinha — muitas vezes decisivamente — nas questões políticas que emergiam, mas também como tinha um modo próprio de fazê-lo. Enquadrado numa prática parlamentar, esforçava-se para elaborar uma versão racional da ação da *população de cor* contra republicanos durante o comício de Silva Jardim. Em seu discurso, esboçava-se a ideia de que a Guarda Negra era um grupo representativo e organizado de negros livres e libertos e que, portanto, estaria à margem daqueles distúrbios, considerados irracionais. Por outro lado, nota-se pela expressão "quase sem preconceitos de cor", usada no *Cidade do Rio*, a expectativa de surgimento de um possível confronto político-racial.

A questão racial, aparentemente tornada invisível na campanha abolicionista, surgiria cristalina em torno da participação da Guarda Negra. Enquanto setores republicanos diziam que evocá-la era manipulação monarquista, políticos negros e setores organizados como a Liga de Homens de Cor tentavam colocá-la na pauta dos debates.

Vislumbrava-se então uma das faces do debate sobre a participação política da população negra. Enquanto alguns libertos eram estigmatizados, sendo chamados de "13 de maio", fazendeiros e políticos foram apelidados de "republicanos do 14 de maio", nos meses que sucederam a abolição. No interior, o clima era de apreensão. Em Paraíba do Sul, um boato de que o governo imperial decretaria uma lei obrigando os libertos a trabalharem mais sete anos para seus senhores trouxe muita inquietação. Ex-escravos perceberam rapidamente que seus ex-senhores haviam trocado suas roupas de fazendeiros por fardas republicanas. O discurso da indenização muitas vezes soava como tentativa de reescravização. Os conflitos entre libertos e republicanos não mais estavam restritos à Corte. Os jornais, num clima de pavor, noticiavam confrontos entre libertos, ex-senhores e propagandistas republicanos ocorridos no interior da província fluminense, no primeiro semestre de 1889, principalmente em Anta, Angustura, Campos, Lage do Muriaé, Santo Antônio de Pádua e Valença. O discurso da manipulação, em alguns momentos, cedia lugar ao discurso do terror.

O tema racial não raro foi usado como recurso político para mobilizar a população da Corte em defesa dos interesses abolicionistas. Patrocínio ressaltava que a propaganda republicana expressava um ódio aos "homens de cor" gerado pela insatisfação de alguns setores agrários com os efeitos provocados pela abolição:

> O modo como os republicanos de 14 de maio estão dirigindo a propaganda contra as instituições vigentes tem provocado em toda parte do país a maior indignação. Desnaturado o sagrado ideal da República, servem-se dele como a arma de vingança contra a Monarquia, os quais não queriam e não querem ainda agora se conformar com a igualdade de todos os brasileiros. Contra os homens de cor são vulcânicas as explosões de ódio. (*Cidade do Rio*, 31/12/1888)

Os "republicanos de 14 de maio" a que se refere Patrocínio eram os ex-senhores e fazendeiros que haviam erguido a bandeira republicana logo após a abolição, insatisfeitos com a libertação imediata dos escravos. Reclamando indenização, defendendo interesses privados e preocupados com o controle do trabalho dos ex-escravos, esses republicanos — criticava Patrocínio — haviam "desnaturado o sagrado ideal da República".

A veemência com que atacavam a Monarquia e principalmente os libertos cheirava a intolerância racial.

Na cidade do Rio de Janeiro tal clima político reverberava entre comícios e articuladores num debate jornalístico diário. É difícil sabermos a real tensão das ruas sobre tais questões considerando apenas a exacerbação e a linguagem retórica dos periódicos, entre denúncias e acusações. Mas o tom da disputa jornalística adquiriu uma dimensão racial, principalmente com José do Patrocínio no *Cidade do Rio* e com Rui Barbosa no *Diário de Notícias*. Patrocínio logo atacou, dizendo que, "explorando a má vontade dos ex-senhores contra os libertos", propagandistas "açulavam o ódio contra a raça negra, insinuando, para ser agradável aos fazendeiros, que a República não tarda e que com ela virá imediatamente a indenização e a lei de opressão para o liberto". (*Cidade do Rio*, 2/3/1889)

Durante a campanha da abolição, algumas questões raciais chegaram a ser citadas ou levantadas, provavelmente mais na retórica jornalística e nos debates públicos de alguns políticos e parlamentares. A utilização do discurso do preconceito racial pelos abolicionistas funcionava muitas vezes como um recurso político contra acusações dos escravocratas, criando polêmicas na campanha. Luiz Gama e José do Patrocínio, em diversos momentos, haviam abordado o assunto em seus pronunciamentos políticos. Em momentos diferentes e contextos específicos, ambos intensificaram os debates jornalísticos e revidaram os ataques sofridos. Para isso tomaram como acusações quase pessoais os termos raciais encontrados nas discussões sobre o fim da escravidão.

Acusações de preconceito racial ressaltavam, porém, muito mais o absurdo que seriam tais discriminações numa sociedade miscigenada e sem ódios raciais — como Patrocínio e outros acreditavam ser a brasileira — do que uma perspectiva de denúncia contra as elites que tratavam da questão da emancipação. Patrocínio, sendo um político mulato, sofria constantes ataques racistas, muitas vezes virulentos. Em 1881, ao se casar com uma mulher de cor branca, foi violentamente atacado por parte da imprensa, em especial o jornal *O Corsário*. Nem os brancos abolicionistas, seus correligionários, lhe pouparam acusações de cunho racista.

Há evidências de que a maior parte da população negra da Corte era monarquista, o que os relatos posteriores de João do Rio destacariam. Os republicanos sabiam não só que a Monarquia gozava de grande popularidade, como também que existia antipatia para com a propaganda republicana. Em Sapucaia, norte da província fluminense, jornais noticiaram que alguns libertos se recusavam a trabalhar para fazendeiros alistados no partido republicano, sob a alegação de que não haveria dinheiro que os fizesse trabalhar para homens que hostilizavam a regente que lhes dera a liberdade. O republicano Medeiros e Albuquerque, em suas memórias, afirma que republicanos, percebendo a agitação pró-monárquica da população negra, iam armados para os *meetings* e que vários deles descarregavam seus revólveres contra negros armados de paus e cacetes. Enquanto articulistas políticos se digladiavam na imprensa, as ruas da cidade eram ocupadas por libertos e militantes republicanos que defendiam no braço suas opções políticas.

Republicanos sempre responsabilizavam monarquistas pelos distúrbios e boatos. Usavam mesmo uma linguagem de acusação racial. Patrocínio chegou a denunciar que "cidadãos de cor preta" haviam sido agredidos, pois percebia que os "os novos republicanos não davam aos homens de cor o direito de discordar das suas opiniões".

Na cidade de Salvador, entre denúncias e ataques jornalísticos — que envolveram também Rui Barbosa —, surgia a Guarda Negra baiana. De um lado, os republicanos, ao denunciarem a ação de libertos e "homens de cor", tentavam desqualificar a Monarquia e seus defensores. Do outro, monarquistas atacavam o discurso de intolerância contra os libertos. Em 15 de junho de 1889, a propósito da chegada de Silva Jardim, a capital baiana cercou-se de medos e temores com as denúncias de que os "pretos da cidade" tinham planejado atacar os propagandistas republicanos. Houve mesmo conflitos com os monarquistas, libertos, abolicionistas e ativistas do Partido Liberal local. Segundo a historiadora Wlamyra Albuquerque, a imprensa de maneira geral resumiu tudo numa "ação dos pretos/monarquistas/pobres contra os brancos/republicanos/de boa família". Mas a luta e os confrontos de ideias e opiniões eram mais complexos. Enquanto dois abolicionistas brancos foram acusados de terem articulado a Guarda Negra na Bahia, houve libertos que se solidarizaram com os estudantes de medicina republicanos atacados.

As ideias em torno da Guarda Negra (ou pelo menos sua versão institucionalizada e impressa no noticiário) articulavam percepções diversas de libertos nas cidades e no interior a respeito de raça, cidadania e controle sobre seu trabalho e suas vidas, bem como disputas simbólicas de setores abolicionistas, monarquistas e republicanos. A Guarda Negra e a mobilização racial tinham vários sentidos e significados para os diferentes personagens e agentes. E aí estava a principal disputa. A vencedora foi a memória histórica das ideias de "manipulação", "dádivas" e "gratidão" — sempre ressaltadas na época e também pela historiografia posterior —, e não aquelas do emaranhado de lutas, projetos e expectativas.

No caso da Corte podemos avançar em várias direções. O aparecimento da Guarda Negra na imprensa, em meados de julho de 1888, acontece juntamente com uma campanha de recrutamento militar que tinha como alvos os capoeiras e os considerados "vadios". A guerra nas ruas estava declarada. Mais do que projetos antagônicos, supostamente desvirtuados ou monopolizados, havia mesmo disputas de símbolos, emblemas e significados diversos envolvendo aqueles conflitos. Durante o grande embate de julho de 1889 entre republicanos e a Guarda Negra, o preto baiano José Antônio, 20 anos, acabou preso por dar "vivas ao príncipe Obá". Com o fim da Monarquia e o surgimento da República, a Guarda Negra desapareceu de cena, fazendo com que muitos autores enfatizassem sua existência como mera "manipulação" de monarquistas, autoridades imperiais e filiados do partido conservador.

Com o golpe militar republicano de 15 de novembro, a Guarda Negra desaparece das ruas. Será? De fato, não esteve mais presente no noticiário jornalístico e nas intrigas entre políticos e militantes monarquistas e republicanos. Mas as ruas continuaram politizadas — o tema racial e a mobilização negra tiveram seu papel. No Rio de Janeiro, entre dezembro de 1889 e o final do ano seguinte, estouraram greves e protestos de trabalhadores diversos, pessoal das capatazias, carpinteiros navais, tecelões, gráficos, alfaiates e carroceiros. Não eram todos libertos ou negros, mas tornara-se necessário recuperar o processo de formação da classe operária em suas dimensões étnicas. O aparato legal e policial da intolerância republicana invadiu ruas e cortiços atrás de capoeiras e quaisquer outros classificados como "desordeiros". De certa forma, estamos falando da produção de um silêncio das narrativas (mais historiográficas do que necessariamente históricas) sobre raça e classe nos anos imediatamente pós-abolição.

As mobilizações não pararam de acontecer. Foram vários os conflitos entre fazendeiros e seus ex-escravos sobre a posse e o uso da terra e sobre o controle de mão de obra. Migrações para outras áreas rurais e urbanas, organizações camponesas e sindicais e outros formatos de participação política redefiniram — ainda que em narrativas nas quais as questões raciais não eram exclusivas ou explícitas — os primeiros tempos do pós-emancipação. Os libertos e toda a população negra naquele contexto tinham, certamente, muitas expectativas e perspectivas com a liberdade formal e a avaliação que faziam dos desejos dos setores agrários hegemônicos.

Imprimindo ideias: jornais e associações

A chamada "imprensa negra" é a parte mais conhecida e citada da mobilização negra nas primeiras décadas republicanas. Devemos considerar, no entanto, que as organizações negras não ficaram reduzidas ao papel desempenhado por ela, a despeito de sua importância.

Os primeiros periódicos editados por negros e tendo a "raça negra" e o preconceito como principais temas datam do final do século XIX. Surgem *O Treze de Maio* (1888), *A Pátria* (1889), *O Exemplo* (1892), *A Redenção* (1899), *O Baluarte* (1903), *O Propugnador* (1907), *O Combate* (1912), *O Patrocínio* (1913) e outros nos anos seguintes, com o objetivo de refletir sobre os desdobramentos do pós-emancipação e a situação dos "homens de cor".

Periódicos como o paulista *A Pátria* e o gaúcho *O Exemplo* já procuravam em suas páginas denunciar humilhações e intolerâncias sofridas por negros e mulatos. Não sabemos como muitos desses jornais surgiram, quem eram seus redatores e quais as suas filiações ideológicas. Parecem ter sido fruto de investimentos pessoais de jornalistas e gráficos negros. Como outros jornais da época — relacionados à imprensa operária, por exemplo —, eram modestas edições, muitas apenas mensais e que tiveram vida efêmera. Sem patrocínio, eram vendidas em festas e bailes ou mesmo distribuídas gratuitamente. Algumas conseguiram reproduzir anúncios comerciais.

Tais jornais tinham como objetivo tanto festejar a abolição como refletir a seu respeito. O exercício contínuo da memória não só se fez presente nessas publicações pioneiras como as inaugurou e, mais tarde, as reorganizou e legitimou. Em vários jornais, a condição anterior, de escravo, aparece citada como um passado de miséria e humilhação resultante dos desmandos da sociedade escravista e da Monarquia. Ao mesmo tempo, toda crítica ao regime reservava, no limite, um espaço sacralizado de reverência. Paradoxalmente, a referência à ignomínia da escravidão surgia mesclada às homenagens prestadas aos abolicionistas e à Princesa Isabel, a "Redentora". Esses periódicos não eram apenas de denúncias. Numa perspectiva quase pedagógica, traziam também matérias exaltando lideranças abolicionistas.

De qualquer modo, não podemos reduzir as expectativas políticas da população negra no início do século XX aos jornais da imprensa negra. Mesmo as associações que muitos deles representavam eram mais amplas, com debates diversos que nem sempre apareciam impressos em suas folhas. Ainda assim, ficavam patentes nas matérias as tentativas de articular a reflexão crítica sobre a passagem de escravo a cidadão negro. O que havia mudado? O que poderia mudar? Eram questionamentos centrais da época.

Os primeiros jornais — basicamente com força em São Paulo, capital e interior — estavam vinculados a sociedades dançantes, clubes recreativos e associações beneficentes. Sobretudo em São Paulo e Campinas, apareciam associações, clubes e grêmios como a Associação Protetora dos Brasileiros Pretos, Centro Cultural Henrique Dias, C.G. Campos Elísios, Grêmio Bandeirantes, Grêmio Dramático Recreativo e Literário "Elite da Liberdade", Smart, Sociedade Propugnadora 13 de Maio, Treze de Maio, entre outros. Alguns jornais funcionavam, então, como espaços de divulgação das atividades (palestras, reuniões, bailes e festas) dessas associações. Segundo os estudos de Miriam Ferrara, Regina Pahim, Roger Bastide e também informações dos próprios jornais da época, que veiculavam notícias sobre outras entidades e periódicos, havia em São Paulo várias associações negras que publicavam seus jornais. Enquanto alguns tinham como título o nome das associações e grêmios a que estavam ligados, outros diferiam, como o *A Pérola*, da Sociedade Recreativa XV de Novembro e *O Baluarte*, do Centro Literário dos Homens de Cor.

Surgiriam vários periódicos com características semelhantes, publicando caricaturas, comunicados sociais, crônicas e poesias. Em geral, os editoriais eram dirigidos mais à questão racial, indicando caminhos de conscientização e mecanismos de "ascensão do negro". Mesmo havendo semelhanças, é difícil estabelecer um só padrão para sua produção, seus conteúdos e enfoques. Qualquer tentativa de enquadrar o conjunto desses diferentes jornais em "fases" de produção ou de ligá-los exclusivamente a uma "elite negra" pouco avança no sentido de entender seus significados e os diálogos que eles projetavam, tanto no interior da população negra como junto a outros setores sociais. Nas décadas de 1910 e 1920, vários periódicos apareceram: *O Kosmos*, *A Sentinela*, *A Liberdade*, *A Rua*, *O Alfinete*, *O Xauter*, *O Clarim d'Alvorada*, *A Princeza do Norte*, *Binóculo*, *O Bandeirante* e *O Menelick*. Em Campinas, em 1923, destacou-se o *Getulino*, comandado por Lino Guedes, Benedito Florêncio e Gervásio de Morais. No ano seguinte, em São Paulo, surge *O Clarim d'Alvorada*, fundado por Jayme de Aguiar e José Correia Leite, que teriam muita influência na militância negra nas décadas seguintes. Os títulos de muitos desses periódicos já demarcavam seus objetivos e público-alvo. Havia os "dedicado aos homens de cor", "dedicado à classe de cor, crítico, literário e noticioso" ou "de combate em prol do reerguimento geral da classe dos homens de cor" e "para a defesa dos interesses dos Homens Pretos". Recentemente têm surgido vários estudos sobre essa imprensa, sua produção e seus significados.

Os periódicos de tal imprensa negra constituíram-se em instrumentos de comunicação de inúmeros intelectuais, grupos, associações e entidades negras, tanto com seu público específico — o chamado "meio negro" — como com outros setores sociais. Priorizando os diálogos com o "meio negro", procuravam estimular, através dos editoriais e da publicação de determinados artigos, temas que abordassem a autovalorização da população negra, sua visão de mundo e suas formas políticas, culturais e religiosas de organização e participação. Os jornais se propunham, por meio de seus editores, a ser instrumentos de educação e formação. Ainda que grande parte deles resultasse do esforço de intelectuais e profissionais liberais negros urbanos ou de associações locais, a principal característica do conjunto de sua produção foi a proximidade da relação editor/leitor, que se traduzia na abordagem de alguns temas. Alguns autores, analisando a imprensa negra e seus produtores, identificaram-nos com o que denominavam "elite negra".

Considerando a quantidade e diversidade desses jornais que apareceram do Rio Grande do Sul ao Recife desde a década de 1880, é muito difícil analisar sua produção como um conjunto homogêneo. Sua riqueza reside na diversidade de formatos, tendências e objetivos de atuação. No final do século XIX e principalmente nas primeiras décadas do seguinte, porém, uma multiplicidade de periódicos surgiu com o mesmo propósito: denunciar as condições de vida, a segregação, a falta de oportunidades, o cotidiano de racismo e a violência experimentada pelas populações negras, sobretudo nas cidades. No período que se seguiu à abolição, a maior parte dessas questões esteve ausente do foco da grande imprensa.

Se é difícil articular esses jornais com as associações (e os projetos e expectativas específicos) que eles representavam, é mais complicado ainda estabelecer uma classificação para seus produtores, em particular articulistas e editores. Alguns aparecem vinculados a

Negros em uma favela do Rio de Janeiro, em 1910: a abolição colocava novos desafios para os libertos.

mais de uma publicação. Isso mostra que tal tarefa coube principalmente aos próprios negros e a suas organizações.

Outra importante característica desses periódicos foi a falta de regularidade e o curto período de sua existência. A justificativa para tal fato encontra-se na incipiente estrutura montada para sua publicação, na falta de uma política de distribuição e na ausência de recursos.

De qualquer modo, foram o formato e o estilo dos jornais operários as grandes fontes de inspiração para a produção dos primeiros periódicos exclusivamente voltados para o cotidiano das associações negras. O mesmo não pode ser dito quanto ao eixo temático, que sofre uma espécie de inversão. O "mundo do trabalho", que é minuciosamente descrito e criticado pelos sindicatos e associações de trabalhadores nas páginas de seus jornais, dá lugar a outro tipo de descrição — do que poderíamos chamar de "espaços de lazer" — por parte dos grupos negros. Esse detalhe delimita de maneira nítida as diferenças quanto às formas de compreender a cidade, a sociedade brasileira e os próprios sujeitos, autores e leitores desses jornais. E também nos ajuda a escapar de armadilhas cuidadosamente preservadas por determinada parcela da historiografia brasileira: a suposta ausência ou silêncio das fontes e a inexistência de documentos escritos sobre a população negra no Brasil pós-abolição. Ajuda, sobretudo, a entender como um segmento da população negra brasileira percebeu, concebeu, projetou, construiu e, em outros momentos, iniciou a desconstrução de sua própria imagem e presença na sociedade.

Apesar da diversidade de imagens e configurações dos vários jornais, é possível eleger uma divisão temática, além da cronológica. Numa primeira parte da produção, que se inscreve entre 1889 e 1936, era a "classe dos homens de cor" a protagonista das cenas escolhidas para descrever o cotidiano e as experiências de organização em grupos associativos. Nessas cenas, os negros misturavam-se a outros personagens — brasileiros ou, vez por outra, estrangeiros, mas nem sempre "patrícios" ou da "classe de cor". Identidades reconfiguradas, articulando cor, raça e classe, ganharam laços territoriais nos ambientes exclusivos, no lazer e na vida dos salões — embora pouco se saiba ainda sobre suas lógicas nas fábricas e nos debates da classe operária. Os vínculos podiam representar apenas assiduidade, fidelidade ou outros interesses de caráter fortuito e individual. A solidariedade era forjada à pena e refletida nas matrizes e no tipógrafo. Provavelmente os editores dos jornais acreditavam que a exclusividade desse espaço de discurso e propaganda tinha limites. Cumpriam assim um papel de intermediação entre o espaço individual/doméstico e o coletivo/público. Desse modo, as notícias transgrediam as fronteiras dos ambientes das sociedades e ganhavam ares políticos, explicitavam novas tendências cosmopolitas — principalmente no vestuário — e, sobretudo, costuravam aspirações da "classe de cor" a interesses pessoais dos mais diversos. Nesse momento, o pseudônimo era um recurso muitas vezes utilizado para transpor a distância entre a "classe" e os editores de jornais — pertencentes a uma elite.

Essa primeira fase da produção de jornais negros foi protagonizada por uma pequena parcela da população negra paulista alfabetizada, que produziu, durante toda a década de 1930, interpretações diferenciadas sobre os problemas político-sociais do país através de um olhar reflexivo. Isso porque, ao fazê-lo, inseria-se num cenário em que grande parte dos projetos políticos de "direita" ou de "esquerda" preferia ignorá-la — como seguiu fazendo a imensa maioria das narrativas historiográficas sobre o período.

As categorias "classe" ou "classe de cor" eram as mais recorrentes, usadas pelos redatores nas matérias ou notas em que leitores e editores se constituíam como faces inseparáveis de um mesmo recurso descritivo. Ali, o "nós" referia-se aos produtores e mesmo aos redatores que, muitas vezes, sob o disfarce do pseudônimo, transformavam-se em leitores participantes e opinativos. Os domínios nos quais a "classe de cor" enquanto categoria emergiu afirmando positivamente uma determinada presença foram limitados, mas o registro narrado, descrito e impresso teve natureza diversa. De qualquer modo, essa presença — qual seja a identidade que se tentava construir no chamado "meio negro" — tomou dimensões mais importantes que as costumeiras diferenças advindas da vizinhança com outros imigrantes. "Outros" porque a "classe de cor" por vezes ganhou status de nação. Conclamava-se não mais a "classe de cor" à consciência e à instrução, mas chamavam-se à união os "patrícios". Ainda que esses "patrícios" fossem brasileiros, diferenciados apenas por serem "homens pretos" ou "de cor".

Esses periódicos, de maneira geral (embora faltem pesquisas mais sistemáticas sobre os contextos em que apareceram em cada região e sobre seus editores), tornaram-se espaços onde as ideias dos indivíduos "letrados" e alfabetizados eram expostas. Seus editores propuseram-se a divulgar uma literatura que imaginavam interessar e, principalmente, "educar" seus irmãos. Essa missão, ao mesmo tempo didática e redentora, determinou um certo distanciamento entre produtores e leitores. E também entre editores, leitores e aqueles sobre os quais se escrevia. O fato de os valores e visões de mundo divulgados nesse tipo de imprensa serem, em grande parte, os mesmos das elites brancas e das classes dominantes não determinou a ausência de um projeto específico das "classes de cor"; indica, sobretudo, que um tipo de diálogo esteve em curso. E qualificá-lo de "embranquecido" ou mesmo de ter reproduzido "valores importados" revela pressupostos analíticos evidentemente parciais. O jornal *O Baluarte* (1903), um dos mais antigos da imprensa negra, publicado em Campinas pelo Centro Literário dos Homens de Cor, foi o primeiro a utilizar a expressão "classe de cor" para definir tanto o público ao qual o jornal se destinava quanto aqueles que o produziam:

> ... pretende ele [ser um] legítimo órgão da classe dos homens de cor, levantar essa classe [há muito] tempo aviltada em nosso país! E por isto, e só por isto este jornal é digno da mais elevada simpatia por parte da população campineira, e todo homem amante da li-

berdade e do engrandecimento do nosso país não pode [deixar] de ver com bons olhos, como prestar toda coadjuvação a esse jornal que, representante de uma classe há pouco oprimida ... É mais que louvável, honra intensamente a classe dos homens de cor a sustentação de um órgão que, pugnando pelos interesses da classe, ao mesmo tempo os prepara para as lutas da vida, ensinando-os a ser cidadãos no mais restrito sentido da palavra. (*O Baluarte*, Campinas, I(3): 1, 15/1/1904)

A percepção da diferença entre os "irmãos negros" pertencentes a esses grupos passava igualmente pela elaboração de determinados códigos de comportamento. Paradoxalmente foram eles quem produziram, ao mesmo tempo, a diferença e a igualdade entre negros e brancos. No plano da diferença, percebe-se o evidente caráter reativo de tais ambientes. Mas o que sugeria apenas reação não estava isento de elementos de invenção de alternativas e estratégias de sobrevivência. Foi uma constante nos jornais a denúncia da existência de "preconceito de cor" em determinados salões e bailes da cidade. Ainda assim, para que a almejada "igualdade" entre negros e brancos fosse conquistada, a diferença muitas vezes teve de ser radicalizada. Ao instituírem-se territórios de lazer análogos aos dos brancos — quanto aos códigos de conduta e símbolos de status conquistados (no vestuário e na linguagem sobretudo) —

contudo exclusivamente frequentados por negros, diminuiu-se o percurso em direção à "igualdade". Seria demasiado simplista supor, como fez Roger Bastide, que a imitação de tais hábitos culturais "embranquecedores" representasse uma contradição ou um impedimento para a afirmação de uma "consciência racial", ao se tornar "um obstáculo para a ascensão social do negro".

São os salões alugados os espaços de encontro privilegiados e valorizados pela "classe de cor", ao contrário da rua. Esta parece ser o ambiente do ócio e da falta de referência social. Nos salões e bailes, valores como a "civilidade" e a "elegância" atestam uma referência ao mesmo tempo racial e cultural — mas nem sempre. São esses os valores perseguidos ao se frequentar certos ambientes, posto que tais qualidades não fossem virtudes encontradas em todos os locais exclusivos da "classe de cor". Nas duas primeiras décadas, será principalmente o diálogo travado entre clubes, jornais e sociedades em torno de uma "moral" própria da "classe de cor" — a partir do comportamento de "irmãos" nos salões — que fomentará o surgimento de novos periódicos. Muitos aparecem representando clubes atacados por jornais já existentes, no sentido de "restabelecer a verdade dos fatos".

Embora a "cultura da festa" fosse criticada por uma nova geração de jornalistas negros que surge no final dos anos 20 — através de *O Clarim d'Alvorada*, por exemplo —, o aparecimento e a consolidação desse tipo de produção jornalística deve-se à proliferação de tais espaços de lazer exclusivamente negros. Neles, o "decoro" e o comportamento não só são avaliados pelos empresários negros (responsáveis pelo aluguel dos salões e representantes dos "clubes dançantes") e pelas famílias negras mais antigas e tradicionais do bairro, como também são a matéria-prima da imprensa negra em seu relato minucioso e satírico desses ambientes.

Numa rápida leitura desses "ataques" entre jornais representantes de sociedades e clubes dançantes é possível perceber que a própria imprensa é corresponsável pela valorização ou depreciação de ambientes e condutas. A opinião por ela veiculada produz e reproduz valores, o que é certamente uma das mais importantes funções desses periódicos. O humor e a crítica são dirigidos principalmente à "classe" que o jornal representa. É também uma função educativa, na medida em que os jornais são porta-vozes dos seus valores culturais e morais. José Correia Leite, por exemplo, militante e editor de importantes jornais negros durante cerca de três décadas, toma contato com a "classe" participando de alguns bailes na capital paulista.

Outros hábitos "modernos", como o *footing* por determinadas áreas da cidade e a prática do *foot-ball*, também aparecem como territórios disputados etnicamente. Times de futebol compostos só por negros e mulatos surgem na capital paulista no início do século:

Sul Africano, São Geraldo, Cravos Vermelhos Club, entre outros. Em tais espaços de lazer, a solidariedade da "classe de cor" é construída por referenciais comportamentais que a distinguem do "preto comum", cujo principal estereótipo inclui a brutalidade, o analfabetismo e a miséria relacionados com a escravidão. Nesses ambientes de lazer é a "classe" quem se faz presente, instituindo códigos próprios de conduta entre "irmãos". É desta forma, principalmente, que a diferença se afirma pela igualdade: com base em padrões de consumo urbanos da São Paulo do início do século XX.

Ainda que pouco ressaltado — e são boas as sugestões recentes de pesquisadores estrangeiros como Gilroy, Hanchard e Siegel —, estabeleciam-se certos diálogos transnacionais envolvendo perspectivas e expectativas de atuação política de negros e de suas associações e jornais. Ideias sobre identidades raciais, projetos e estratégias de ação circulavam — interagindo e se modificando permanentemente — entre Brasil, Estados Unidos e alguns países do Caribe, e posteriormente também do continente africano. Em seu depoimento, José Correia Leite relata como entrou em contato com as ideias de Marcus Garvey, importante liderança negra norte-americana, já no final dos anos 20: ele e outros ativistas foram procurados na redação de *O Clarim d'Alvorada* por Alcino dos Santos e João Sótero da Silva, que sugeriam a tradução de matérias sobre o movimento pan-africanista — representante, em nível internacional, da proposta de unidade de interesses e objetivos das populações de origem africana na diáspora. Com o apoio desses dois — que eram baianos e se tornaram representantes do jornal em Salvador — e a tradução de Mário de Vasconcellos, começaram a ser publicados "artigos de Marcus Garvey e de outros negros, bem como artigo sobre as teses de um congresso que houve no Estados Unidos e que se opunha à cultura do branco". Ainda segundo Correia Leite, tais ideias eram debatidas e mobilizavam intelectuais, jornalistas e ativistas no "meio negro", especialmente em São Paulo. Nem tudo era apenas mimetismo ou importação de outras realidades. Havia polêmicas e mesmo um "clima de controvérsia". Muitos não aceitavam tais ideias norte-americanas e acusavam seus propagadores de tentarem "fazer um movimento que era importado" e proporem um "modelo racista" para o Brasil. De qualquer modo, o interesse por notícias e conexões ficou aberto. *O Clarim d'Alvorada* criou uma seção denominada "Mundo negro", havendo um reduzido "grupo de garveyristas" entre os seus editores. Segundo Correia Leite:

> O movimento garveyrista entre nós [negros brasileiros] ficou restrito, mas serviu para tirar certa dubiedade do que nós estávamos fazendo. Procurávamos fazer doutrinação, uma espécie de evangelização. As ideias

de Marcus Garvey vieram reforçar as nossas. Com elas nós criamos mais convicção de que estávamos certos. Fomos descobrindo a maneira de como a gente era discriminada.

Outra conexão transnacional surgiu com o jornalista norte-americano Robert Abbot, do *Chicago Defender*, entre 1923 e 1926. Surgiram possibilidades de permuta entre o jornal estrangeiro e *O Clarim d'Alvorada*. O *Chicago Defender*, aliás, ajudou muito a difundir internacionalmente a campanha pela construção do monumento à "Mãe Preta", em 1926, no Rio de Janeiro. Bem estudado pela historiadora Micol Siegel, esse é um episódio ainda pouco conhecido da mobilização política pela construção de monumentos com perspectivas étnicas na época. Tal propaganda envolveu vários setores da população negra, como integrantes da Irmandade de Nossa Senhora do Rosário e São Benedito dos Homens Pretos e da Companhia Negra de Revistas, além dos editores da imprensa negra de São Paulo.

Contatos internacionais mais pontuais aconteceriam igualmente com o apoio e a participação de negros estrangeiros em algumas associações. O Centro Cívico Palmares, no final dos anos 20, chegou a contar em sua direção com Mr. Gids, um negro inglês que era gerente da grande papelaria Casa Vanote, em São Paulo. No Clube Negro de Cultura Social, a organização da biblioteca ficou a cargo de um negro de Trinidad Tobago chamado John.

Partidos e pedaços na Frente Negra Brasileira

Pesquisas mais sistemáticas poderão revelar que, além da imprensa e das associações negras dos anos 20, outros personagens e atuações políticas também estavam voltados para a questão racial. Os debates relacionados ao tema não foram exclusivos das associações e dos jornais. Certamente, embora com outros enfoques, havia mobilização racial em sindicatos, cultos religiosos e espaços de lazer, como a música e o futebol de várzea. Correia Leite referiu-se a vários personagens que conheceu ou de que ouviu falar quando iniciava sua militância no "meio negro" na década de 1920. Nos anos 10, Jaime Camargo e outros tentaram criar a Federação dos Homens de Cor. Houve debates e dissidências. Muitos se notabilizaram como oradores ou mesmo como porta-vozes da questão do preconceito em debates e na imprensa. Havia o advogado Monteiro Lopes, que morreu louco. Ou o "negro velho" Salvador de Paula, que criou a entidade Amigos da Pátria. Menos conhecida ainda é a trajetória do dr. Jacarandá, muitas vezes narrada em tom folclórico. Ele é mencionado como um dos primeiros candidatos à presidência da República (o foi nas eleições de Nilo Peçanha e Artur Bernardes) a adotar o discurso explícito de sua condição social de negro. Uma das lideranças mais importantes dos anos 30 — e praticamente desconhecida — foi Vicente Ferreira. Destacado orador, inicialmente radicado no Rio de Janeiro e depois em São Paulo, fez importantes discursos mobilizadores. Atuou na Frente Negra e na Legião Negra, exercendo grande influência e sendo muito respeitado por jornalistas e líderes negros. É tido como um dos responsáveis pela generalização do uso da denominação "negros" — em substituição a "classes de cor" — no vocabulário político das lideranças e associações da época. Trata-se de um personagem que precisa ser mais estudado.

Apesar dos diversos jornais e entidades criados desde o final do século XIX, na rara literatura a respeito cristalizou-se uma imagem das associações negras como pouco organizadas e não politizadas. Isso por supostamente não haver interesse de suas lideranças no sentido de ampliação ou de intervenção política a partir de um conjunto de reivindicações mais específicas. Sem pesquisas sistemáticas que incluam outras áreas além de São Paulo, esse tem sido um argumento repetido de forma generalizada. No entanto, é muito complicado generalizar e criar uma imagem homogênea para diferentes associações, estratégias e objetivos. Na verdade, os periódicos em que algumas reconstituições históricas sempre se baseiam talvez expressem apenas uma das faces do emaranhado maior da discussão e participação em torno dessas associações.

O jornal *O Clarim d'Alvorada*, fundado por Jayme de Aguiar e José Correia Leite, já propunha, em 1925, a realização de um Congresso da Mocidade dos Homens de Cor, com o objetivo de criar "um grande partido composto exclusivamente de homens de cor". A ideia não prosperou, mas em 1926 surgia o Centro Cívico Palmares, cujo nome era uma explícita homenagem ao grande quilombo do período colonial. Os objetivos iniciais foram a criação de uma biblioteca comunitária e a realização de encontros e conferências. Em 1928, a entidade lançou uma campanha contra o decreto do governo paulista proibindo o ingresso dos negros na Guarda Civil de São Paulo. Devido a essa campanha, o governador Júlio Prestes suspendeu não só o decreto como também a proibição da participação de crianças negras nas competições de "bebês eugênicos" promovidas pelo Serviço Sanitário de São Paulo. Para autores como Florestan Fernandes e Reid Andrews, foram esses eventos os primórdios de uma maior mobilização política da população negra em torno de suas organizações. Entre os meses de março e agosto de 1929, *O Clarim d'Alvorada* publicou uma série de artigos tentando mobilizar a população para a realização do 1º Congresso da Mocidade Negra do Brasil.

Falava em "antigo sonho". Os clamores e argumentos explicitados indicam as dificuldades para a ampla mobilização e organização de uma entidade de fôlego nacional:

> O Congresso da Mocidade Negra tem que se realizar, muito embora os trânsfugas pensem que a raça não esteja preparada para o certame, dentro da estabilidade essencial. Porém, a raça espoliada fará o seu congresso, entre as angústias e as glórias do seu antepassado, baseando-se nas esperanças de uma nova redenção para a família negra brasileira.

Mas a população negra não estava "apática" ou imobilizada e nem ficou à espera de dádivas e de integração das políticas públicas, posto que, segundo Florestan Fernandes, o "pauperismo e a anomia social conduziam à desilusão coletiva e ao desalento coletivo". O surgimento e a proposta da Frente Negra Brasileira (FNB) não representaram necessariamente excepcionalidade em termos de organização negra. Em seus quadros havia muitos ativistas, frequentadores de bailes e de encontros promovidos por associações e agremiações e colaboradores de vários jornais. Muitos eram de Campinas, Franca e Itu, cidades — principalmente a primeira — onde havia florescido grande número de jornais e associações nas décadas de 1910 e 20.

Surgia assim, em outubro de 1931, a FNB, contando com a liderança de Arlindo Veiga dos Santos e colaboradores como José Correia Leite, Isaltino Veiga dos Santos, Gervásio de Moraes e Jayme de Aguiar, entre outros tantos, atuantes no Centro Cívico Palmares, em *O Clarim d'Alvorada* e em outras associações e jornais. A palavra "frente" era muito utilizada no vocabulário político da época. As primeiras reuniões e atividades foram realizadas no salão da entidade Classes Laboriosas. A FNB inovaria com o mecanismo de arregimentar pessoas — os denominados "cabos" — para conseguir arrecadar recursos.

Considerando a adesão e a força política inicial, a FNB transformou-se quase numa febre. Surgiu em um momento de crise econômica e transformações políticas, atraindo milhares de pessoas. Para a população negra, costumeiros períodos de dificuldades estavam então mais do que nunca acompanhados de expectativas de mudanças. No debate sobre a inclusão de vários setores sociais, a população negra e suas lideranças perceberam aquele momento como importante para politizar a questão racial. Com grande adesão, surgiram filiais da FNB em várias cidades paulistas e também nos estados de Minas Gerais, Espírito Santo, Bahia e Rio Grande do Sul. Tal expansão nunca significou, porém, maior centralização institucional. Pequenas e invisíveis associações, assim como demandas de negros de várias regiões do país, pareceram ver na FNB um qualificado — e mesmo desejado — porta-voz. Estimativas exageradas indicam 100 mil membros espalhados por todo o Brasil. Outras contabilizam, somente na cidade de São Paulo, 6 mil associados, e mais 2 mil em Santos.

A voz da raça? Muito do que hoje sabemos sobre a FNB foi coletado em matérias do jornal *A Voz da Raça*, que circulou durante quase todos os anos de existência da Frente. Fundado na gestão de Isaltino Veiga dos Santos como secretário-geral da FNB, seu primeiro convidado para redator foi Deocleciano Nascimento, antigo redator de *O Menelick*. De início o jornal funcionou na rua Conselheiro Botelho n.156, e depois passou para a própria sede da FNB, na rua da Liberdade nº 196. Intitulava-se "órgão oficial da Frente Negra Brasileira" e, a partir de 1934, "órgão da gente negra brasileira". Dentre seus redatores destacaram-se também Pedro Paulo Barbosa, Raul Joviano do Amaral, Mário Campos, Antônio M. dos Santos, Rubens Costa e João de Souza. Com o lema "Deus, Pátria, Raça e Família",

Reunião da FNB, que propunha a "união política e social da Gente Negra Nacional".

o jornal foi um porta-voz da FNB, trazendo tanto matérias sobre o "preconceito racial" como informações administrativas e organizacionais.

Como organização, a FNB tinha vários departamentos — instrução e cultura, musical, médico, de imprensa, esportivo, de artes e ofícios, jurídico-social, doutrinário e de comissão de moços. Entre os serviços oferecidos havia consultório dentário, salão de barbeiro e cabeleireiro. Tinha ainda caixa beneficente e um posto destinado ao alistamento eleitoral. Realizava festivais de música e promovia cursos de alfabetização e oficinas de costura. Chegou a propor a criação de uma instituição escolar chamada Liceu Palmares. A ideia era ministrar o ensino dos cursos primário, secundário, comercial e ginasial a alunos-sócios da FNB. Em sua sede, realizavam-se palestras e seminários. Posteriormente passaria a funcionar ali uma escola noturna.

O início dos anos 30 foi o ápice do período de efervescência e de expectativas políticas de vários setores da população negra. Muita gente queria participar, principalmente os mais jovens. No interior paulista, todos ouviam falar a respeito da FNB. Tanto suas delegações saíam da capital para visitar associações negras locais e fomentar a propaganda da entidade como grupos chegavam do interior, destacadamente em épocas de comemorações. Como outras associações do gênero, a FNB formou um grupo musical, o Rosas

Negras, chegando a fazer apresentações fora da capital paulista.

Por suas atividades e mobilização, a sede da FNB logo se transformaria em local de atração para vários setores negros. Muitos jovens recém-chegados do interior eram logo aconselhados a procurar a FNB. Podiam conseguir emprego. Outros tantos vinham à procura de bailes, música, política e novidades da "raça". Ter a carteira da FNB era motivo de orgulho para muitos. Eram respeitados pela polícia. Enfim, pertencer à FNB era uma credencial importante no chamado "meio negro". Talvez como nunca, na então ainda recente experiência republicana, a questão racial aparecia tão politizada e articulada com outros temas, envolvendo nacionalidade, emprego, cidadania e políticas de imigração — tudo isso, com um protagonismo negro bastante mobilizador.

Crianças estudam na escola criada pela Frente Negra Brasileira, em 1933.

Os estatutos da FNB publicados no *Diário Oficial* e registrados em novembro de 1931 muito revelam sobre suas perspectivas de atuação política. Fundada na cidade de São Paulo, tinha o objetivo de tornar-se uma referência e conseguir abrangência nacional. Não era mais uma associação, e sim uma frente que deveria alcançar várias regiões e reunir lideranças e iniciativas diversas no "meio negro". Em seu artigo 1º atribuía-se o propósito de "se irradiar por todo o Brasil". A ideia fundamental era realizar a "união política e social da Gente Negra Nacional, para a afirmação dos direitos históricos da mesma, em virtude da sua atividade material e moral no passado e para reivindicação de seus direitos sociais e políticos, atuais, na comunhão brasileira". Certamente pretendendo marcar seu espaço de intervenção política com relação a outras associações negras (e seus respectivos jornais) da época ou das décadas anteriores, os estatutos mencionavam a FNB "como força social" visando à "elevação moral, intelectual, artística, técnica, profissional e física", assim como "assistência, proteção e defesa social, jurídica, econômica e do trabalho da Gente Negra". Destacava igualmente sua perspectiva nacionalista, dizendo-se ter "uma finalidade rigorosamente brasileira". Sua proposta explicitava os desejos de intervenção e representação política da população negra, pois atuaria "como força política organizada", uma vez que, para "mais perfeitamente alcançar os seus fins sociais, pleiteará, dentro da ordem legal instituída no Brasil, os cargos eletivos de representação da Gente Negra Brasileira, efetivando a sua ação político-social em sentido rigorosamente brasileiro".

Denunciada como entidade de caráter fascista — acusações foram feitas por vários intelectuais, setores operários e partidos políticos, e parte delas foi reproduzida posteriormente por muitos historiadores e sociólogos —, a FNB tinha uma perspectiva fortemente nacionalista. Houve, é fato, articulação de Arlindo Veiga dos Santos e outros membros com o integralismo. De qualquer modo, o discurso integralista tinha forte penetração popular, misturando-se com xenofobia. Além de sua propaganda ideológica e da atuação de lideranças como Gustavo Barroso e Plínio Salgado, ainda pouco sabemos sobre a penetração do integralismo junto aos setores pobres e negros.

A expectativa da FNB era não só incluir o tema do racismo na pauta política como promover melhores condições de vida, saúde, educação e emprego. Juntava suas características de associação beneficente — como tantas que existiam e assim permaneceram — com um projeto de intervenção e mobilização política mais direto e definido. Através das ações de suas lideranças e dos editoriais de *A Voz da Raça*, posicionava-se politicamente sobre várias questões. Seu objetivo não era só abordar o tema do racismo com tom de denúncia, mas também aproximar os setores da população negra em uma organização que manifestava desejos, intenções e expectativas mais amplas de cidadania e participação. É bom destacar que as lideranças da FNB não se isolaram: tentaram aproximar-se e conquistar o apoio de intelectuais influentes, incluindo brancos e mestiços. Sem muito sucesso, tentariam atrair, por exemplo, o poeta Mário de Andrade.

Apesar de se propor a ser uma entidade de massas, a FNB teve certas dificuldades em chegar até elas. O tom moralista de seus editoriais, censurando os setores da população negra que se envolviam com bebedeiras e desordens, muitas vezes provocava tensões. Houve mesmo divergências entre o pessoal da FNB e setores negros populares que participavam de bailes e ajuntamentos na rua Direita, na capital paulista. Além disso, o perfil de suas lideranças era de funcionários públicos e letrados, muitos nascidos no interior paulista. Arlindo Veiga dos Santos era professor de latim. Francisco Lucrécio era funcionário público e cirurgião-dentista. Justiniano da Costa era funcionário dos Correios. E João de Souza tinha pequeno escritório de serviços de pintura. De certa forma, estavam distantes do público que desejavam atingir.

Pouco sabemos sobre a aproximação da propaganda da FNB — e o imaginário que projetava — com os setores negros mais pobres e operários, principalmente aqueles que residiam em casebres improvisados na periferia da capital paulista, para quem a falta de sapatos, paletó e chapéu faziam a diferença. É bom lembrar que a população negra não estava restrita ao suposto atraso natural do mundo rural ou ao alijamento do mercado de trabalho nas cidades. Apesar das poucas referências historiográficas, ela já invadia as fábricas e ocupava postos de trabalhos urbanos, ainda que fosse pouco o alcance que a imprensa operária da época tinha sobre suas aspirações e vidas. De outro modo, se a FNB não se constituiu em um movimento de massas — como, aliás, nenhuma instituição naquela época, vide as associações operárias e anarquistas —, seria equivocado afirmar que era um movimento de classe média. Tinha força popular junto aos setores negros com mobilidade social muito limitada. No interior paulista e em outros estados, os desdobramentos da FNB foram diversos, ganhando perfis e configurações particulares.

A FNB reunia várias lideranças do "meio negro", atraindo muitos jovens e congregando diversos setores.

A FNB e a Revolução de 1930. É possível analisar as representações construídas em torno das ideias de raça e revolução e de outros projetos de reforma e "redenção" nacional a partir do processo de mobilização negra em São Paulo na década de 1930, primeiro com a FNB e depois com a Legião Negra, em 1932.

Jornais do período já demonstravam como eram pensadas as formas de aliança, participação e organização da parcela da população negra paulista que se definia como "classe de cor". Em São Paulo, nem todas as associações representantes dessa classe definiram-se quanto ao apoio aos revolucionários de 1930. A referência aos acontecimentos que marcaram o período aparece de forma bem dissimulada nos editoriais de alguns jornais, em tom de advertência quanto à manutenção da ordem e à defesa de "ideais patrióticos" para os quais não deveria haver diferença de raça ou religião. Como afirmou José Correia Leite em suas memórias nos anos 90:

> Antevendo a possibilidade de ver a situação mudada com a Revolução de 30, os negros entusiasmaram-se e passaram a encará-la como a solução de todos os seus males. Na fase revolucionária os negros estavam contentes. Podia mesmo ser observado, entre eles, um espírito vingativo: a satisfação de ver aqueles velhos homens da política perderem a posição dominante. A Revolução, feita para liquidar um estado de coisas que predominava desde o início da República, serviu, na realidade, para satisfazer a ânsia dos que estavam por baixo, em ocupar uma posição de destaque na vida nacional — pelo menos, aos que viveram a situação revolucionária, assim se apresentava.

A partir da leitura e da comparação de alguns jornais, podemos traçar um quadro não tão favorável aos revolucionários de 1930. Da mesma forma, a vinculação à política partidária, em particular a paulista, por parte de tais agremiações é compreendida em nome dos mesmos "ideais patrióticos". Em muitos periódicos, os negros apareciam então como dignos representantes do "Povo Brasileiro", que, naquele momento, se posicionava em defesa de seus interesses. Assim, foi o próprio *O Clarim d'Alvorada* que, em setembro de 1930, defendeu a legitimidade do Partido Republicano Paulista para indicar um substituto às tentativas de intervenção. Dizia-se mesmo que os negros eram "um fragmento desse povo" e que estavam "incorporados às suas aspirações".

Se por um lado o movimento revolucionário impulsionou os ânimos de alguns diante das promessas de transformação, por outro se observa que as relações de algumas dessas lideranças com a política e os partidos paulistas fizeram com que suas posições não fossem publicamente manifestas na primeira hora. Havia divisões no interior das associações negras paulistas. Entre os que apoiaram abertamente Getúlio Vargas está parte importante da direção da FNB. Demonstrações mais veementes desse apoio eram feitas através do *A Voz da Raça*. Seus editoriais conclamavam aqueles a quem chamavam de "esperança fagueira do nosso Brasil" contra os interesses da oligarquia industrial e cafeeira paulista. Em um editorial publicado em abril de 1933, a FNB justifica tal apoio e, ao mesmo tempo, ataca as tendências oriundas da própria entidade que, influenciadas pelo socialismo, opõem-se a Getúlio:

> Irmãos negros quando demos apoio à ditadura, e ao exército nacional na pessoa do sr. gal. Góis Monteiro, não foi, não, para sermos de novo como querem alguns que nos querem cercear a liberdade, que nos querem vender aos interesses particulares: foi porque vimos que a Nação estava ameaçada pela voracidade dos partidaristas gananciosos, dos separatistas e dos bairristas e também dos internacionalistas inimigos da Unidade da Pátria, que é suma parte obra dos nossos avós africanos e Bugres, inimigos esses que acodem pelo nome nefando e criminoso de comunistas, quase todos estrangeiros cujo julgo altiva e que violentamente repelimos, quer se escondam sob o manto de "salvadores" dos operários cosmopolitas, quer se esgarcem sob o título suspeito de amigos de lutas de classe! (*A Voz da Raça*, 15/4/1933)

Na verdade, foi justamente o alinhamento de algumas das principais lideranças da FNB — muitas delas oriundas do Centro Cívico Palmares — que fomentou uma profunda cisão ideológica dentro de uma entidade com forte influência junto a negros não só da capital, mas também de cidades do interior. Tal divisão levou ao enfraquecimento da proeminência alcançada por um de seus fundadores e primeiro presidente, Arlindo Veiga dos Santos. As acusações às ideias fascistas e anticomunistas difundidas nos editoriais de *A Voz da Raça* tinham como alvo a forma pela qual seu presidente havia estruturado a Frente, organizando milícias negras nos moldes do integralismo de Plínio Salgado. É bem verdade que a influência do integralismo pode ser percebida ao longo de toda a existência do jornal, mesmo depois de Arlindo deixar a presidência. No estatuto da Frente, publicado no primeiro número de *A Voz da Raça*, a distribuição de cargos de comando, por exemplo, representados pelo "Grande Conselho", era atribuição do presidente. Embora as tensões internas da FNB tenham sido até agora pouco exploradas pelas análises disponíveis, sua organização centralizada pode ter propiciado a estruturação de uma entidade autoritária em seu desejo de se tornar um partido "orgânico-social", atendendo às aspirações de uma "massa negra" sem representação própria. Acusado de "monarquista", o presidente da FNB, de fato, publicava um periódico chamado *Pátria Nova* ("Religião, Pátria e Raça", editado pelo Centro Monarquista de Cultura Social e Política), do qual era o diretor responsável. Ele era uma das lideranças do movimento Patrianovista e militava pelo retorno dos ideais da política monarquista.

A despeito das constantes defesas de Arlindo tentando dissociar seu "patrianovismo" de sua atuação na FNB, a discussão e os conflitos internos provocaram o aparecimento de grupos dissidentes. Entre eles, um intitulado Frente Negra Socialista, liderado por Manoel dos Passos. Havia ainda as oposições de José Correia Leite e de Alberto Orlando. Na mesma época, surgiu o Clube Negro de Cultura Social (criado em 1932), que teve como núcleo de associados muitos jovens que mais tarde se destacaram na FNB, como Raul Joviano do Amaral e Rubens da Costa.

Num primeiro momento, essas críticas foram veiculadas em uma publicação que teve apenas dois números, o jornal crítico e humorístico *A Chibata*. Outros grupos e militantes contrários ao grupo de Arlindo permaneceram dentro da FNB, tentando viabilizar o sonho da unidade da "classe de cor" em torno de uma entidade forte. Ao mesmo tempo, quanto mais longe da capital, mais fraca parecia ser a influência da vertente nacionalista. O núcleo de Santos, por exemplo, apoiava o Partido Socialista nas eleições e mantinha fortes ligações com o Sindicato dos Portuários.

Se de um lado toda e qualquer crítica à FNB tinha como fundamento as posições de seu presidente publicadas nos editoriais de *A Voz da Raça*, este, por sua vez, não poupava generalizações em seus contra-ataques, identificando como "inimigos da raça" os seus opositores, denominando-os "comunistas" e "bolchevistas".

Respondendo ao grupo que editava *A Chibata*, Arlindo abordaria ideais defendidos pela Frente por meio de ataques antissemitas e xenófobos.

Mas não foi só a polarização entre propostas próximas ao fascismo ou ao socialismo que fizera eclodir a discussão sobre qual das posições situava o "problema da raça" no núcleo dos debates e do projeto político nacional. A inserção do negro como cidadão na sociedade brasileira pós-1930 deveria começar por seu direto posicionamento político e ideológico. "Entrar em cena" dependia da definição das possibilidades de alianças e apoios. Assim, imaginava-se ver tal cidadão contemplado pelas propostas debatidas no ambiente revolucionário que envolvia os primeiros anos da década — mas não na posição de simples espectador.

O sucesso da Revolução deveria trazer mais empregos e melhorias na educação, o que se imaginava serem os princípios erradicadores da defasada situação da "raça". Tanto a propaganda da direita quanto a da esquerda conclamavam a aliança popular apoiada na tese da necessidade de uma radical transformação na estrutura social, motivo do atraso e da miséria do país. Assim, a presença do negro (leia-se: de uma distinta parcela capaz de liderar seus "irmãos") nesses momentos de transformação estaria atrelada a um tipo de atuação mais contundente. É evidente que tal apelo não passava pelo reconhecimento das instituições negras existentes. A brecha para tal atuação só foi possível nos momentos em que o "povo" — categoria genérica utilizada quase sempre em oposição a "elite", tanto no discurso da direita como no da esquerda — é chamado à participação. Nesses momentos, os laços da solidariedade associativa enfraquecem e tornam-se mais tênues.

O que importa destacar é que efetivamente os temas da raça e da revolução, mesmo que sob diversas roupagens, constituem os debates políticos do período, seja no discurso que enfatiza a Nação através de inúmeros símbolos patrióticos, seja nos projetos que investem numa revolução resultante dos embates entre classes sociais antagônicas.

Campanhas eleitorais negras. Uma das vitórias da FNB foi a campanha para o alistamento de negros na Guarda Civil de São Paulo. Naquela época, os efetivos da guarda eram formados, em sua esmagadora maioria, por brancos e estrangeiros. Uma comissão da FNB chegou a ser recebida pelo presidente Getúlio Vargas. Em 1932, a Guarda Civil alistaria mais de duzentos negros.

A FNB cresceu, teve momentos de refluxo e esteve envolvida em polêmicas e controvérsias, inclusive em torno de disputas internas e posições ideológicas. Uma avaliação dos significados de sua atuação política pode ser feita acompanhando seu desempenho eleitoral e a proposta de criação de um novo partido.

Em abril de 1933, a FNB lançaria Arlindo Veiga dos Santos, na ocasião seu presidente geral, como candida-

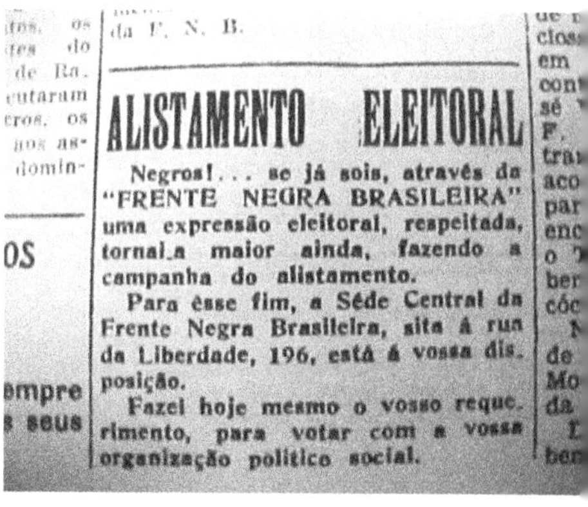

da F. N. B.

ALISTAMENTO ELEITORAL

Negros!... se já sois, através da "FRENTE NEGRA BRASILEIRA" uma expressão eleitoral, respeitada, tornai-a maior ainda, fazendo a campanha do alistamento.

Para êsse fim, a Séde Central da Frente Negra Brasileira, sita á rua da Liberdade, 196, está á vossa disposição.

Fazei hoje mesmo o vosso requerimento, para votar com a vossa organização politico social.

to paulista avulso a deputado constitucional. O próprio Arlindo escreveria em *A Voz da Raça*, resumindo a proposta de sua candidatura "colocada à última hora" pela liderança da FNB. Fazia um ataque ao "bolchevismo" numa perspectiva fortemente nacionalista do uso da terra e do acesso ao mercado de trabalho. Produzia um discurso contra o "internacionalismo" da política e de estratégias de desenvolvimento econômico. Declarava repúdio à onda imigrantista e defendia a concessão de terras aos brasileiros. Quanto ao "problema do negro", repetia as palavras do manifesto lançado em 1931, quando da criação da FNB: "Integralização absoluta, completa do negro, em toda a vida brasileira — política, social, religiosa, econômica, operária, militar, diplomática etc.; o negro brasileiro deve ter toda aceitação em tudo e em toda parte, dadas as condições competentes (que devem ser favorecidas) físicas, técnicas, intelectuais, morais exigidas para a igualdade perante a lei."

Na véspera das eleições de 1934, *A Voz da Raça* anunciava a candidatura de Arlindo Veiga dos Santos já como uma vitória moral. Era destacada fundamentalmente a mobilização da população negra, tanto nas ruas da capital como no interior. Houve caravanas e comícios em Sorocaba, Itu, Rio Claro, Campinas, Limeira, Jundiaí, Amparo, Itatiba e outras cidades. A confirmação de um candidato da FNB para as eleições foi recebida com euforia, mas também com disfarçada desconfiança. Obteve a cobertura de jornais paulistas e cariocas. Houve esperança e entusiasmo, mas também muito exagero nas avaliações eleitorais. A liderança da FNB não seria eleita.

É bom destacar que existiam divergências entre os próprios setores da população negra paulista. A questão era ao mesmo tempo a candidatura negra — cuja propaganda enfatizava as questões raciais — e a postura (que alguns destacavam ser fascista) da FNB e, principalmente, de Arlindo Veiga dos Santos. Surgiria então, em abril de 1933, a candidatura de José Bento de Assis, que participara em 1932 como comandante civil da Legião Negra — movimento que comentaremos adiante. *O Estado de São Paulo*, na ocasião, publicou uma extensa matéria intitulada "Manifesto dos Negros Independentes", em que se defendeu o "apoio a um candidato da raça" — no caso, Bento de Assis. Outros jornais também noticiaram o surgimento de mais essa candidatura negra. O programa de Bento de Assis foi publicado, e seu discurso tinha um tom mais conciliador do que aquele de Arlindo Veiga. Sobre a questão racial, defendia: "Que venha logo para o negro um segundo 13 de maio, pelo qual fique, realmente, integrado na comunhão de sua pátria."

Nos meses seguintes, as divergências entre as candidaturas negras ficaram explícitas nas páginas dos jornais. A dissidência Frente Negra Socialista acusava os frentenegrinos de serem monarquistas. Em meio a essas divisões, já em 1934 crescia o desejo de algumas lideranças negras de constituir um órgão federativo de entidades e associações negras. Continuava a resistência quanto à presidência de Arlindo Veiga dos Santos na FNB. A ideia da criação da Federação das Associações de Gente Negra acabou não prosperando, apesar da campanha do *A Voz da Raça*. Como proposta de Raul Joviano do Amaral, também surgiu a ideia de se criar um Clube dos Intelectuais.

Um embate político interessante em torno da FNB travou-se nas páginas do periódico *Homem Livre*, jornal paulista que se definia como de ideais democráticos e inimigo dos governos fascistas. Entre 1933 e 1934, o jornal denunciou as aproximações das lideranças da FNB com o integralismo e o fascismo. Os principais ataques surgiram em matérias assinadas sob o pseudônimo "homo". Acusavam a FNB de explorar o "filão do preconceito" quando destacava o "problema social e político da raça negra". Lembravam o perigo desse debate e afirmavam que o preconceito "só existe no imaginário dos seus líderes". Ao contrário da união, afirmavam que a FNB só queria segregar brancos e negros. E isso era muito perigoso, afirmava uma delas:

> Por enquanto eles se limitam às festas dos Treze de Maio, a uma infelizmente mal organizada orientação educacional, e à formação de um núcleo numeroso mas semi-inconsciente de homens, que será tangido de certos orientadores suficientemente espertos. O problema negro, que ora se pretende estabelecer e resolver, não passa, por enquanto, da exploração "política" de um passivo agrupamento de homens negros, até aqui indiferentes ou interessados na vida política do país, na mesma proporção em que os brancos o eram.

Esses ataques tinham alvos certos: as aproximações propagandistas da FNB com Hitler e Mussolini. A racialização do debate político, institucional e eleitoral assustava muitos setores sociais. A FNB continuaria em 1935 e 1936, quando se transformou em partido político. Havia mesmo a perspectiva de um partido com representação nacional. Mas, em 1937, veio o Estado Novo de Getúlio Vargas, fechando partidos e associações políticas. Foi um duro golpe para a FNB. Houve mesmo um refluxo nas associações negras existentes. De um lado, o medo da perseguição; de outro, a decepção diante da impossibilidade de uma organização nos moldes políticos partidários. Em suas memórias, destacou Aristides Barbosa: "Quando a Frente fechou ficamos chocados, ficamos decepcionados. Aí o pessoal ... da época fundaram a União Negra Brasileira. Mas o golpe político contra a FNB foi tão profundo, tão contundente, que todos os frentenegrinos rejeitaram automaticamente a União Negra, então ela não teve condições de sobreviver." Foi um duro golpe, às vésperas do aniversário de cinquenta anos da abolição da escravidão.

Soldados da raça e a revolução da Legião Negra

Em 1932, eclodiu em São Paulo a Revolução Constitucionalista, clamando pelo cumprimento da Constituição e se insurgindo contra os novos arranjos das elites oposicionistas no pós-Revolução de 30. Em meio à mobilização dos mais variados setores da sociedade paulistana, surgiu na Legião Negra. Foi instalada na Chácara do Carvalho, na alameda Eduardo Prado nº 69, na Barra Funda. Em virtude do trabalho de "arregimentação dos homens de cor", centenas alistaram-se no Exército Constitucionalista. Imediatamente eram instruídos militarmente, equipados e uniformizados. Em 20 de julho de 1932, a equipe de reportagem do *Correio de São Paulo* informava que, em apenas quatro dias, o alistamento alcançara mais de quinhentos negros. Como a mobilização popular contagiava todos, eram formadas comissões a fim de angariar donativos para os legionários. Na ocasião, falava-se mesmo em se produzir uma bandeira própria para os batalhões, nos "moldes dos regimentos franceses de homens de cor".

Na fase de preparação, os soldados da Legião — como de outros setores — apresentavam-se em desfiles e formaturas públicas pelas ruas de São Paulo. Eram invariavelmente aplaudidos e saudados, ressaltando-se a motivação e a ordem que demonstravam. Isso aconteceu na véspera do embarque da primeira companhia do batalhão Henrique Dias para o *front* e também na fase seguinte, com o embarque do batalhão Conselheiro Rebouças. Surgiu também uma banda de música formada exclusivamente pelos legionários.

A Legião Negra

organizou mais uma companhia

A Legião Negra organisou mais uma companhia do 2.° batalhão "Felippe Camarão" que hontem mesmo, ás 10 horas, já seguiu para a linha de frente. Com esta terceira companhia, ficou completa aquella unidade. Já sóbe a um total de mais de oitocentos combatentes que a Legião Negra mandou para as zonas de opera- exercicios de combate e a pratica dessas armas.

A parcella de esforço com que os homens de côr concorrem para a victoria da causa constitucionalista tem sido de inestimavel valor não só quanto a parte militar da campanha, como á elevação moral com que comprehendem o sacrificio da hora presente.

Merecem todos os elogios os negros de São Paulo pela attitude decidida e efficiente em

A Legião Negra lutou, durante o movimento constitucionalista de 1932, em várias frentes de batalha. Sua criação e atuação tiveram vários significados, com desdobramentos até os anos 40. Poucos meses depois de seu surgimento, foi inaugurado, na própria Chácara, o Serviço de Assistência e Proteção dos Soldados da Legião Negra, contando com a presença de representantes do governo, das Forças Armadas e da sociedade paulistana. A Legião contava então com quase dois mil "combatentes da valorosa raça".

Outras manifestações públicas aconteceram, como uma missa campal no Sete de Setembro, em que se apresentaram oradores e a banda, que executou, entre marchas militares e valsas, o hino nacional e até o maxixe "Os pintinhos no terreiro", de Zequinha de Abreu. Em diversas partes da cidade realizaram-se festivais beneficentes pró-Legião Negra, como o promovido pela Aliança Cívica das Brasileiras. A sede da Legião chegou a ser visitada por uma comissão da Frente Única da Mulher Brasileira. Em 13 de agosto, o próprio governador paulista, Pedro de Toledo, "percorreu as dependências da Chácara do Carvalho, ficando impressionado por tudo que observou".

Saindo da cidade de São Paulo, tropas da Legião desfilaram nas ruas de Santos. Das cidades do interior chegavam cada vez mais voluntários. Foi criada finalmente uma Associação Beneficente da Legião Negra. Entre os itens de seu estatuto constavam: a composição de associados exclusivamente "descendentes da Raça Negra"; fins somente filantrópicos; necessidade de apoio e de subvenção do governo paulistano; criação de hospital e internato para os desvalidos; serviços especiais de assistência judiciária e de apoio às "mulheres negras decaídas"; maternidade e higienização das crianças; prevenção contra doenças e vícios (enfermidades venéreas e alcoolismo); e a "propaganda para o levantamento moral e cívico dos descendentes da Raça Negra do Brasil". De uma maneira geral, a organização de forças militares em São Paulo foi acompanhada de intensa mobilização social e política, com batalhões de mulheres, operários, indígenas e com apoio de muita propaganda, incluindo o uso de fotografias e filmes. A mobilização teve "imagens próprias", como bem definiu o historiador Jeziel de Paula: foi um episódio histórico acompanhado de ampla produção de registros fotográficos.

Mas quem dera início à Legião Negra? Quais os seus objetivos? Consta que seu principal idealizador e comandante civil era o dr. Joaquim Guaraná de Sant'Ana, um integrante da FNB. Mais tarde o cargo foi ocupado pelo dr. José Bento de Assis, professor do Ginásio Estadual de Campinas e conhecido latinista, sendo então considerado "um dos mais ilustres representantes da raça negra". Foi destinado comandante militar o capitão branco Gastão Goulart, que no pós-1932 foi ironicamente classificado pelas próprias lideranças negras como "Capitão Veterinário". Ao que se sabe, o comando militar mais direto ficou com o tenente Arlindo Ribeiro, oficial negro do Corpo de Bombeiros paulistano. Seu efetivo chegou a ter 1.600 soldados, entre homens e mulheres.

Embora a FNB não tenha formalmente, como instituição, aderido aos revolucionários paulistas de 1932, muitos frentenegrinos, incluindo quadros importantes, como Vicente Ferreira e Joaquim Valentim, alistaram-se na Legião Negra. E houve alistamento em outros batalhões. Em parte, a Legião Negra, naquele contexto, ajudou a atrair várias entidades e associações negras, como a Associação Beneficente São Benedito, de Campinas, que colocou à disposição o Hospital da Raça Negra, por ela mantido.

Oficiais da Legião Negra, que teve atuação destacada na Revolução Constitucionalista de 1932, em São Paulo.

O apelo político para a formação da Legião Negra tinha os mesmos significados "raciais" de várias associações e da FNB. Mas o contexto era outro. O *Correio de São Paulo* publicou, em 21 de julho, o seguinte manifesto lançado por Guaraná de Sant'Ana:

> Descendentes da Raça Negra do Brasil:
>
> Estamos vivendo a hora mais decisiva da nossa História. Nós, os construtores da grandeza econômica

da nossa pátria, que, com nosso sangue, a temos redimido de todas as opressões e com o leite da Mãe Negra, que a todos nós embalou e ensinou com suas lendas e canções, o grande amor ao Brasil, somos neste momento um dos maiores soldados desta cruzada pelo dever que temos de defender o imenso patrimônio que durante três séculos e meio acumulamos.

A dedicação e espontaneidade com que viemos cerrar fileiras pela defesa da Constituição é prova indiscutível de que os descendentes da Raça Negra, bravos como Henrique Dias, intemeratos como Patrocínio e sábios como os Rebouças, saberão, coerentes com o passado, não desmentir os seus feitos na conquista da vitória pela qual nos batemos: o Regime da Lei — a Constituição.

Vinde, sem demora, onde já se acham acantonados centenas e centenas dos nossos irmãos negros, formar com eles batalhões — a Legião Negra.

A LEGIÃO NEGRA DE S. PAULO

LANÇA UM MANIFESTO AOS NEGROS DE SANTOS

Visitou-nos, hontem, o dr. J. Guaraná de Sant'Anna, figura de destaque no seio da "Frente Negra Brasileira", que, conjuntamente com outros elementos dessa associação de classe, está organizando o batalhão da "Legião Negra", para integrar-se no Exercito Constitucionalista.

O dr. Guaraná Sant'Anna lançou o seguinte manifesto:

"Descendentes da raça negra do Brasil.

Estamos vivendo a hora mais decisiva da nossa historia.

Nós os constructores da grandeza economica da nossa Patria, que com nosso sangue a temos redimido de todas as oppressões e com o leite da Mãe Negra, que a todos nós embalou e ensinou com as suas lendas e canções, o grande amor ao Brasil, somos neste momento um dos maiores soldados desta cruzada, pelo dever que temos de defender o immenso patrimonio que durante tres seculos e meio accummulamos.

A dedicação e espontaneidade com que viemos cerrar fileiras pela defesa da Constituição, é prova indiscutivel de que os des-

Esse manifesto, publicado na grande imprensa paulista, era mais do que uma conclamação para os "homens de cor" se alistarem. Era também uma espécie de carta de intenções endereçada a vários setores sociais, aí incluídas outras associações negras. Sabe-se que, além das próprias tropas da Força Pública, diversos outros batalhões de voluntários (operários fabris e desportistas, por exemplo) contavam com negros. Do outro lado do *front* havia tropas do Rio de Janeiro e Minas Gerais com expressivo contingente negro. A participação negra em 1932 não era, portanto, exclusividade da Legião Negra. Era, sim, seu discurso e apelo racial explícito. O manifesto indica os significados da relação entre setores e intelectuais negros organizados e o momento político da época. Com tom semelhante àquele da FNB, mencionava "união" e "pátria", evocando igualmente ideias e percepções sobre nacionalismo, integração e diferenças raciais. A insistência do "nós", no manifesto, deixava explícito o quanto de expectativas de cidadania e participação havia nos discursos políticos dos ativistas. A "união" não substituía necessariamente o "nós" e o "eles". O sentido de pertencimento e integração evocava tanto o desejo de ser reconhecido como a explicitação da desigualdade. Cumprir a lei, a Constituição, era o primeiro passo para garantir aquilo que ela não deveria permitir: desigualdades entre brancos e pretos.

Nesse cenário de mobilização de 1932, desconfianças e acusações de manipulação voltariam a aparecer. Entre os vários setores sociais organizados havia diferentes posicionamentos e estratégias. Como vimos na própria criação da FNB e na tentativa de estabelecimento de um órgão federativo de associações, diversos grupos e intelectuais divergiam. Para muitos observadores, tudo não passava de manobras políticas, seguindo o discurso de manipulação já presente no final do século XIX, em relação à Guarda Negra.

Com isso, todo o esforço de propaganda em torno da Legião Negra foi marcado pela ideia de integração do "soldado" com os temas da "raça" e da "revolução". Temas fundamentais na construção do imaginário da nação dos anos 30 surgem com toda força no processo de mobilização de setores negros, tanto no tocante às vinculações com os partidos políticos como na FNB e na arregimentação de voluntários para 1932. Em vários jornais paulistas, percebe-se o esforço de demonstrar as ideias de participação política da população negra. O termo mais usado, aliás, era "classes de cor". Em 1932, as "classes de cor", para serem reconhecidas, tinham que se transformar em "soldados".

Se de um lado essas possibilidades de fusão — classes de cor/soldado/povo — eram potencialmente percebidas por vários setores sociais, especialmente políticos brancos e negros que acreditavam poder comandar tropas e mobilizar milhares de voluntários, muitos temiam confrontos de natureza racial. O periódico *A Noite*, do Rio de Janeiro, apresentou uma matéria no início da campanha militar reafirmando a ideia de "brasilidade". As tropas deveriam ter "unidade cívica", e não divisões raciais.

É nesse contexto que expressões como "humildade" e "patriotismo" da participação negra ganham sentido. Enquanto a FNB manteve-se neutra e sob desconfianças (antes de apoiar abertamente Getúlio Vargas em 1933), a Legião Negra tentou integrar o discurso do civismo e do patriotismo ao tema da "raça negra". Em julho, o jornal *O Progresso*, discutindo uma matéria veiculada no *Correio de São Paulo*, publicou: "Para eles [negros], em sua humildade anônima, pouco se lhes devia dar se tivéssemos uma Constituição ou sofrêssemos uma ditadura." A população negra, afirmava ainda o jornal, "ofertava seu sangue" sem esperar "prêmio nenhum a não ser o seu dever cívico". Na verdade, "bons paulistas e bons brasileiros, os negros são um exemplo de patriotismo desinteressado".

Mas entre o reconhecimento da sociedade paulista sobre tal esforço — que, aliás, nunca existiu para além da retórica — e a suposta "humildade" e "desinteresse" dos negros havia grande distância. As divergências entre a FNB e seu apoio a Vargas e a adesão da Legião Negra ao ideário revolucionário paulista, mais do que erro de ótica política de uns e manipulação de outros, permite avaliar o quanto de lógicas próprias havia em torno dos conceitos de cidadania, democracia e nacionalidade. Tudo estava sendo cuidadosamente pesado — de diferentes modos — por associações e ativistas negros. Só participar do debate não era a questão. E nem mesmo apenas marcar posição. Os negros deveriam ser incluídos entre o "povo" que lutava pela "liberdade", e havia uma disputa menos para anunciar os interlocutores do que para definir a pauta do debate sobre a questão racial.

A derrota dos constitucionalistas paulistas de 1932 foi também sentida pelos setores negros que apostavam na Legião. No entanto, mesmo que o resultado daquelas batalhas fosse outro, eles continuariam sendo tratados como coadjuvantes. Continuariam derrotados, pois tornados invisíveis, os setores negros que tentavam a inserção política — incluindo as dimensões partidárias — nos debates sobre a cidadania. O próprio Guaraná de Sant'Ana tentou mobilizar posteriormente a Legião Negra nos moldes de uma associação. Transformada em sociedade civil, publicou o jornal *Tribuna Negra*. Mais tarde, Guaraná de Sant'Ana criou o *Brasil Novo*. Este último era apresentado como porta-voz dos ex-revolucionários negros. Em matéria de abril de 1933, Guaraná de Sant'Ana fez uma avaliação dos episódios de 1932. Afirmou ter sido a "última e mais profícua das lições que a raça negra recebeu". Após as batalhas, os soldados negros "ficaram pelas ruas da cidade amontoados como lixo humano". Os "afagos" e "generosidades espetaculares" dos dias de contagiante mobilização tinham sido substituídos por "negativas formais", e os "bons e ricos amigos da hora de luta" desapareceram. Falava-se mesmo em "decepções" e "tapeação".

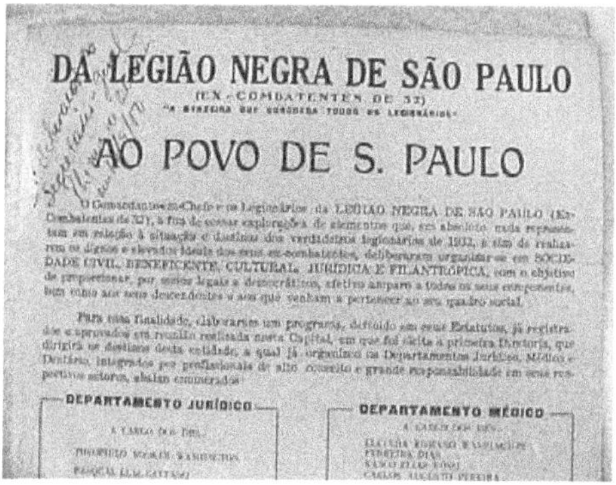

DA LEGIÃO NEGRA DE SÃO PAULO

(EX-COMBATENTES DE 32)

AO POVO DE S. PAULO

O Comandante-em-Chefe e os Legionários da LEGIÃO NEGRA DE SÃO PAULO (Ex-Combatentes de 32), a fim de [illegible] SOCIEDADE CIVIL, BENEFICENTE, CULTURAL, JURÍDICA E FILANTRÓPICA, com o objetivo de proporcionar, por meios legais e democráticos, efetivo amparo a todos os seus componentes, bem como aos seus descendentes e aos que venham a pertencer ao seu quadro social.

Para essa finalidade, elaboramos um programa, definido em seus Estatutos, já registrados e aprovados em reunião realizada nesta Capital, em que foi eleita a primeira Diretoria, que dirigirá os destinos desta entidade, a qual já organizou os Departamentos Jurídico, Médico e Dentário, integrados por profissionais de alto conceito e grande responsabilidade em seus respectivos setores, abaixo enumerados:

DEPARTAMENTO JURÍDICO

[illegible]

DEPARTAMENTO MÉDICO

[illegible]

Havia muito mais de política do que de lamento nas avaliações de Guaraná de Sant'Ana. Sabe-se que fundou um partido denominado Partido Radical Nacionalista, do qual não se tem muitas informações. A despeito da rivalidade com a FNB, a Legião Negra fechou um acordo para lançar apenas um nome como candidato em 1933, e havia forte tendência de que o tenente Arlindo Ribeiro fosse o escolhido. Enfatizando os ideais da "raça negra", a Legião continuaria como organização até meados dos anos 40. De um lado, transformar-se-ia numa associação de ex-combatentes e de auxílio a seus familiares; de outro, fazia franca oposição à FNB e a suas diretrizes em 1933 e 1934. Denunciava principalmente as perspectivas monarquistas e nacionalistas de Arlindo Veiga dos Santos e outros. Houve mesmo aproximação de Guaraná de Sant'Ana com setores socialistas, jornalistas e ativistas de outras associações negras da época, destacadamente José Correia Leite.

Considerações finais

Nos derradeiros anos do século XIX e no primeiro quartel do século XX, em várias regiões surgiram associações, entidades e *clubs* formados por libertos e pela população negra — fossem eles de setores literários, operários ou recreativos em geral. O principal apelo era reunir e tratar de assuntos do interesse dos "homens de cor" ou das "classes de cor". Seriam impressas diversas ideias e um vocabulário político próprio. Setores negros avaliavam suas inserções, demandas, normas, comportamentos, estratégias e atuação. Fundamentalmente, dialogavam entre si e com outros segmentos sociais.

A Frente Negra Brasileira arregimentou milhares de homens e mulheres e teve desdobramentos em vários estados. Destacaram-se lideranças com o tom racial em seus discursos. O que dizer da mobilização negra no movimento constitucionalista de 1932, formando a Legião Negra, um episódio pouco citado da revolução paulista? Não foram raros os negros, especialmente das regiões interioranas, que cerraram fileiras para defender São Paulo. Todos viraram revolucionários. Para além das imagens de humildade e patriotismo, pouco sabemos sobre as expectativas dos legionários naquele contexto. O que os mobilizava? Aspirações de cidadania, defesa da democracia e nacionalidade? Certamente mais que isso. Almejavam espaços, direitos, proteção e prosperidade econômica numa sociedade que sonhavam sem preconceito. Queriam ser — e, de algum modo, eram — paulistas, negros e revolucionários. Desde que mantidos os itens, a sua ordem poderia até ser alterada.

Foram décadas efervescentes, de muitas contradições — como o resultado eleitoral decepcionante dos candidatos da Frente Negra nas eleições de 1934. E na história das organizações negras, como de qualquer outro movimento social, ocorreram oposições e debates internos. Podemos destacar, por exemplo, as discussões sobre nacionalismos e aproximações com o integralismo e a propaganda fascista. Experiências com socialistas e comunistas não foram menos conflituosas: em vários comícios, lideranças dirigiam-se aos negros como "cidadãos de cor preta", reforçando estigmas.

Mais do que a preocupação em classificar — um quase julgamento histórico —, é fundamental, em termos historiográficos, entender personagens, contextos e ideias em torno da raça e do racismo. Para a população negra, talvez não houvesse necessariamente o impasse quanto a permanecer invisível no centro ou escolher o caminho da esquerda ou da direita. Tratava-se de fazer políticas com lógicas e significados próprios.

Os anos avançaram. Questões eleitorais e de participação política se colocaram. Existiam diferentes visões a respeito de uma suposta integração e do controle de uma memória abolicionista inventada. Quais eram e a quem contemplavam os projetos do Brasil? Setores da população negra não encomendaram a ninguém projetos de poder e intervenção: tinham os seus próprios. Reivindicavam empregos, o monumento à "Mãe Preta" e a manutenção do 13 de maio como feriado nacional, entre várias outras coisas.

Os "homens de cor", como eram denominados na época, falavam de e para si mesmos. Discutiam bailes, bons costumes e música, bem como postos de trabalho, serviço de saúde e escolas. Provavelmente não queriam apenas acesso a direitos de uma dada cidadania. Em sindicatos, associações e projetos de partidos políticos, agendaram a questão racial. Também o fizeram nas ruas, nas festas, nas religiões, nos espaços de lazer e de trabalho. Talvez não quisessem apenas debater ou participar, mas sim definir a pauta.

Nas décadas de 1940 e 50 continuariam surgindo entidades e associações negras, como a União Negra

Brasileira (uma tentativa de continuidade da FNB) e a Legião Negra Civil; permaneceria também o sonho de criar entidades de caráter nacional, como a União dos Homens de Cor, no Rio de Janeiro, e a Associação dos Negros Brasileiros, em São Paulo. Esse foi o legado da mobilização negra e das políticas da cor pioneiras, que abriram caminho no difícil contexto do pós-abolição.

Cronologia

1873 Formação da Associação Beneficente Socorro Mútuo dos Homens de Cor, na Corte (Rio de Janeiro).

1880-1888 Fugas em massa de escravos, principalmente nas áreas cafeeiras do Vale do Paraíba e do oeste paulista.

1884 Abolição nas províncias do Ceará e do Amazonas.

1886-1888 Campanha abolicionista radical em várias cidades, envolvendo comícios, periódicos e formação de quilombos urbanos.

1888 Abolição da escravidão em todo o território nacional.

1888-1889 Formação da Guarda Negra e mobilização da população negra em várias cidades contra a propaganda republicana e os ataques à Princesa Isabel e à Monarquia.

1903-1915 Surgem vários periódicos, especialmente nas cidades de São Paulo e Campinas.

1924 Surge o jornal *O Clarim d'Alvorada*, criado por Jayme de Aguiar e José Correia Leite.

1926 Mobilização para a construção do monumento à "Mãe Preta".

1928 Campanha contra o decreto do governo paulista proibindo o ingresso dos negros na Guarda Civil de São Paulo.

1929 Fundação do Centro Cívico Palmares.

1931 Surge a Frente Negra Brasileira, em 16 de setembro.

1932 Indicados pela Frente Negra, cerca de duzentos negros ingressam na Guarda Civil de São Paulo.

1932 Mobilização da população negra, através da Legião Negra, para participar da Revolução Constitucionalista de São Paulo.

1932 Fundado o Clube Negro de Cultura Social.

1933 Surge o periódico *A Voz da Raça*, porta-voz da Frente Negra Brasileira.

1933 Arlindo Veiga dos Santos, presidente da FNB, é lançado candidato à Assembleia Constituinte.

1936 A Frente Negra Brasileira obtém o registro como partido político.

1937 Fechamento da Frente Negra Brasileira na ditadura Vargas.

1938 Cinquentenário da abolição.

Referências e fontes

p.7: A documentação relativa à Associação Beneficente Socorro Mútuo dos Homens de Cor encontra-se no Arquivo Nacional, no Fundo Conselho de Estado. Agradecemos a Sidney Chalhoub a indicação do documento.

p.8: Sobre mobilização racial na Independência, com diferentes perspectivas — de escravos, libertos, africanos e crioulos —, ver o artigo de João José Reis intitulado "O jogo duro de dois de julho: o 'partido negro' na independência da Bahia", no livro *Negociação e conflito: A resistência negra no Brasil escravista*, de Eduardo Silva e João José Reis (São Paulo: Companhia das Letras, 1989, p.79-98). Sobre as dimensões de ataques com cunho racial na política do período regencial, ver "Race and control in independent Brazil", de Thomas Flory, no *Journal of Latin American Studies* (vol.9, 2ª parte, 1977, p.199-244) e *Cores, marcas e falas: sentidos da mestiçagem no Império do Brasil*, de Ivana Stolze Lima (Rio de Janeiro, Arquivo Nacional, 2001, cap.1).

p.10-11: A carta enviada a Rui Barbosa por um grupo de libertos e a da sra. Pequetita Barcelos a seus familiares encontram-se depositadas no Arquivo de Rui Barbosa/FCRB. Agradecemos a Wlamyra Albuquerque a indicação e cessão da transcrição da primeira.

p.11: Sobre o movimento abolicionista e os movimentos sociais nas ruas da Corte, ver o livro de Rebecca Baird Bergstresser, *The Movement for the Abolition of Slavery in Rio de Janeiro, Brazil, 1880-1889* (Palo Alto, Stanford University Press, 1973).

p.13: Sobre as imagens de temor nos anos derradeiros da escravidão e imediatamente pós-abolição, ver o estudo de Maria Helena Machado em *O plano e o pânico: movimentos sociais na década da abolição* (Rio de Janeiro, UFRJ/Edusp, 1994).

p.15-16: Sobre a Guarda Negra em São Paulo, Rio de Janeiro, São Luís, Santos, Porto Alegre e Campinas, ver os livros de Lilia Moritz Schwarcz, *Retrato em branco e negro: jornais escravos e cidadãos em São Paulo no final do século XIX* (São Paulo, Companhia das Letras, 1987, p.240-5); Carlos Eugênio Líbano Soares, *A negregada instituição: os capoeiras no Rio de Janeiro* (Rio de Janeiro, Secretaria Municipal de Cultura, 1994); João Lima, *Figuras da República Velha* (Rio de Janeiro, Tipografia Baptista de Souza, 1941, p.77-9); e Cléber da Silva Maciel, *Discriminações raciais: negros em Campinas (1888-1921)* (Campinas, Unicamp, 1987, p.188-9) — em que se encontra reproduzido o documento "Protestos dos homens de cor". Ver também o artigo de Michael R. Trochim, "The Brazilian Black Guard: Racial Conflict in Post-Abolition Brazil" (*The Americas*, XLIV (3), janeiro de 1988, p.298-9).

p.17: Algumas referências sobre a Guarda Negra, destacando as imagens de manipulação e desordem, aparecem em: *História da polícia do Rio de Janeiro: aspectos da cidade e da vida carioca, 1870-1889*, de Mello Barreto Filho e Hermeto Lima (Rio de Janeiro, Editora A Noite, vol.3, p.160-1); *A Princesa Isabel, "A Redentora"*, de Pedro Calmon (Rio de Janeiro, Companhia Editora Nacional, col. Brasiliana, vol.207, 1941, p.227-8); *História da queda do Império*, de Heitor Lira (Rio de Janeiro, Companhia Editora Nacional, col. Brasiliana, vol.320, 1964, p.304-5); *O Tigre da abolição*, de Osvaldo Orico (Rio de Janeiro, Companhia Editora Nacional, 1931, p.185-92); e *Uma garganta e alguns níqueis: história de Silva Jardim, o herói da propaganda republicana*, de Maurício Vinhas de Queiroz (Rio de Janeiro, Aurora, 1947, p.67-71).

p.19: Os editoriais citados, intitulados "Os homens de cor" e "A Guarda Negra", foram publicados no *Cidade do Rio*, em 15 e 20/7/1889, respectivamente.

p.22: Sobre as vidas de José do Patrocínio e Luiz Gama, ver *A vida turbulenta de José do Patrocínio*, de Raimundo Magalhães Junior (Rio de Janeiro, Sabiá, 1969, p.93-101) e *Orfeu de carapinha: a trajetória de Luiz Gama na Imperial cidade de São Paulo*, de Elciene Azevedo (Campinas, Unicamp/Cecult, 1999).

p.24: As versões e memórias do republicano Medeiros e Albuquerque estão em *Quando eu era vivo...* (Porto Alegre, 2ª ed., 1945, p.69-70).

Sobre a Guarda Negra baiana e os conflitos entre libertos e republicanos em Salvador, ver a recente tese de doutoramento de Wlamyra Albuquerque, *A exaltação das diferenças: racialização, cultura e cidadania negra (Bahia, 1880-1900)* (Campinas, tese de doutorado, IFCH, 2004, especialmente o cap.3: "Divergências políticas, diferenças raciais: Rui Barbosa e a Guarda Negra na Bahia", p.131-80).

p.26: Sobre a figura do príncipe Obá, ver o livro de Eduardo Silva, *Dom Obá II d'Africa, o príncipe do povo: Vida, tempo e pensamento de um homem livre de cor* (São Paulo, Companhia das Letras, 1999).

p.27-43: Nos últimos anos têm sido produzidas várias dissertações e teses sobre a imprensa negra em São Paulo e a mobilização racial no primeiro quartel do século XX. Ver, entre outros: José Carlos Gomes da Silva, *Os suburbanos e a outra face da cidade: cotidiano, lazer e cidadania (1900-1930)* (Campinas, dissertação de mestrado, Unicamp, 1990); Maria Aparecida de Oliveira Lopes, *Beleza e ascensão social na imprensa negra paulistana (1920-1940)* (São Paulo, dissertação de mestrado, PUC, 2001); Marina Pereira de Almeida Mello, *O ressurgir das cinzas. Negros paulistas no pós-abolição: identidade e alteridade na imprensa negra paulistana (1915-1923)* (São Paulo, dissertação de mestrado, FFLCH/USP, 1999); Marinalda Garcia, *Os arcanos da cidadania: a imprensa negra paulistana nos primórdios do século XX* (São Paulo, dissertação de mestrado, FFLCH/USP, 1997); Paulino de Jesus Cardoso, *A luta contra a apatia: estudo sobre a instituição do movimento negro antirracista na cidade de São Paulo (1915-1931)* (São Paulo, dissertação de mestrado, PUC, 1993); e Petrônio José Domingues, *Uma história não contada: negro, racismo e trabalho no pós-abolição em São Paulo (1889-1930)* (São Paulo, dissertação de mestrado, FFLCH/USP, 2001).

p.41: A respeito dos diálogos transnacionais sobre questões de raça e identidade negra, ver o artigo de Michael Hanchard, "Política transnacional negra, antiimperialismo e etnocentrismo para Pierre Bordieu e Loïc Wacquant: exemplos de interpretação equivocada", em *Estudos afro-asiáticos* (Rio de Janeiro, Ucam, ano 24, n.1, 2002, p.63-96); e os livros de Paul Gilroy, *Atlântico negro: modernidade e dupla consciência* (Rio de Janeiro, Ucam, 2000); e Micol Siegel, *The Point of Comparison: Transnational Racial Construction, Brazil and the U.S., 1918-1933* (Nova York, Universidade de Nova York, 2001).

p.44-67: Sobre a Frente Negra, ver *E disse o velho militante José Correia Leite: depoimentos e artigos*, de José Correia Leite, com organização e textos de Cuti (São Paulo, Secretaria Municipal de Cultura, 1992); *Brancos e negros em São Paulo*, de Florestan Fernandes e Roger Bastide (São Paulo, Companhia Editora Nacional, 1953); e *Frente Negra Brasileira-depoimentos: entrevistas e textos de Márcio Barbosa* (São Paulo, Quilombhoje, 1998).

p.49: Sobre a Frente Negra em Salvador e no Rio Grande do Sul, ver os artigos "A Frente Negra na Bahia", de Jéferson Bacelar (*AfroÁsia*, n.17, 1996, p.73-86), e "Discurso do representante da Frente Negra Pelotense", de Miguel Barros, in Freyre, G. (org.), *Estudos afro-brasileiros* (Recife, Fundaj, 1988, p.269-71). Para uma análise comparativa sobre a mobilização negra no pós-abolição em Salvador e São Paulo, ver o livro de Kim Butler, *Freedoms Given Freedoms Won: Afro-Brazilians in Post-Abolition São*

Paulo and Salvador (Nova Jersey, Rutgers University Press, 1998).

p.70: Sobre as imagens de mobilização na Revolução de 1932, ver Jeziel de Paula, *1932: Imagens construindo a história* (Piracicaba/Campinas, Unimep/Unicamp, 1998).

Sugestões de leitura

• A obra essencial para acompanhar a mobilização negra no Brasil, especialmente em São Paulo, a partir dos anos 1920 é o relato autobiográfico de José Correia Leite, *E disse o velho militante José Correia Leite: depoimentos e artigos*, organização e textos de Cuti (São Paulo, Secretaria Municipal de Cultura, 1992). Ver também: Abdias do Nascimento, *O Brasil na mira do pan-africanismo* (que reúne as obras *O genocídio do negro brasileiro* e *Sitiado em Lagos*; Salvador, EdUFBA, 2002); Cléber da Silva Maciel, *Discriminações raciais: Negros em Campinas (1888-1921)* (Campinas: Unicamp, 1987); e Clóvis Moura, *A sociologia do negro brasileiro* (São Paulo, Ática, 1988).

• Para um panorama sobre a questão racial, a situação socioeconômica e a mobilização racial ao longo dos cem anos da abolição da escravidão, ver George Reid Andrews, *Negros e brancos em São Paulo (1888-1988)* (Bauru, Edusc, 1998). Para estudos clássicos sobre imprensa negra, ver Roger Bastide, "A imprensa negra do estado de São Paulo" (*Boletim de Sociologia*, vol.CXXI, n.2, São Paulo, 1951) e Miriam Nicolau Ferrara, "A imprensa negra (1915-1963)" (*Antropologia*, n.13, São Paulo, FFLCH/USP, 1986).

• Sobre a Frente Negra Brasileira, além da obra clássica de Florestan Fernandes e Roger Bastide, *Brancos e negros em São Paulo* (São Paulo, Companhia Editora Nacional,

1953), ver as memórias de Aristides Barbosa, Francisco Lucrécio, José Correia Leite, Marcello Orlando Ribeiro e Placidino Damaceno Motta em *Frente Negra Brasileira, depoimentos. Entrevistas e textos de Márcio Barbosa* (São Paulo, Quilombhoje, 1998).

• Para análises mais contemporâneas da mobilização racial a partir dos anos 50, ver: Regina Pahim Pinto, *O movimento negro em São Paulo: luta e identidade* (São Paulo, tese de doutorado, FFLCH/USP, 1993); Luiz Cláudio Barcelos, "Mobilização racial no Brasil: uma revisão crítica" (*AfroÁsia*, n.17, 1996, p.187-212); Luiza Bairros, "*Orfeu and power*: uma perspectiva afro-americana sobre a política racial no Brasil" (*AfroÁsia*, n.17, 1996, p.173-86); Michael Mitchell, *Racial Consciousness and the Political Attitudes and Behavior of Blacks in São Paulo, Brazil* (Michigan, Universidade de Michigan, 1977); Clóvis Moura, "Organizações negras", in Singer, P. (org.), *São Paulo: o povo em movimento* (Petrópolis, Vozes/Cebrap, 1980); José Jorge Siqueira, *Entre Orfeu e Xangô: A emergência de uma nova consciência sobre a questão do negro no Brasil — 1944-1968* (Rio de Janeiro, tese de doutorado, PPGHIS/IFCS/UFRJ, 1998); Lélia Gonzáles, "O movimento negro na última década", in Gonzáles, L. e C. Hasenbalg, *O lugar do negro* (Rio de Janeiro: Marco Zero, 1980); Michael Hanchard, *Orfeu e poder: Movimento negro no Rio de Janeiro e São Paulo, 1945-1988* (Rio de Janeiro, Pallas, 2001); Jonatas C. da Silva, "Histórias de lutas negras: Memórias do surgimento do movimento negro na Bahia", in Reis, J.J. (org.), *Escravidão e invenção da liberdade: estudos sobre o negro no Brasil* (São Paulo, Brasiliense, 1988, p.275-88).

Sobre o autor

Flávio dos Santos Gomes nasceu no Rio de Janeiro em 1964. Bacharel em ciências sociais pela Universidade Federal do Rio de Janeiro (UFRJ) e graduado em história pela Universidade do Estado do Rio de Janeiro (Uerj), é mestre e doutor em história social do trabalho pela Unicamp. Entre 1994 e 1998 foi professor do Departamento de História da Universidade Federal do Pará. Tem pesquisado e publicado livros e artigos sobre a formação do campesinato negro, quilombos, fronteiras e identidades étnicas durante a escravidão e no pós-emancipação. Atualmente é professor do Departamento de História e do Programa de Pós-Graduação em História Comparada da UFRJ.

Coleção Descobrindo o Brasil

direção: Celso Castro

A modernização da imprensa (1970-2000)
Alzira Alves de Abreu

O Brasil no império português
Janaina Amado e Luiz Figueiredo

Os intelectuais da educação
Helena Bomeny

A era do rádio
Lia Calabre

A invenção do Exército brasileiro
A proclamação da República
Celso Castro

O Estado Novo
Maria Celina D'Araujo

A belle époque amazônica
Ana Maria Daou

O livro e a leitura no Brasil
Alessandra El Far

O pensamento nacionalista autoritário
Boris Fausto

Os índios antes do Brasil
Carlos Fausto

Os brasileiros e a Segunda Guerra Mundial
Francisco César Ferraz

Rebeliões no Brasil Colônia
Luciano Figueiredo

Palmares, ontem e hoje
Pedro P. Funari e Aline V. Carvalho

A arte rupestre no Brasil
Sambaqui: arqueologia do litoral brasileiro
Madu Gaspar

As formas do espaço brasileiro
Pedro Geiger

Cidadania e direitos do trabalho
Angela de Castro Gomes

Negros e política (1888-1937)
Flávio Gomes

Código Civil e cidadania
Keila Grinberg

Como falam os brasileiros
Yonne Leite e Dinah Callou

Uma viagem com Debret
Valéria Lima

O nascimento da imprensa brasileira
Isabel Lustosa

Escravidão e cidadania no Brasil monárquico
Hebe Maria Mattos

Os evangélicos
Clara Mafra

O sindicalismo brasileiro após 1930
Marcelo Badaró Mattos

O período das Regências (1831-1840)
Marco Morel

Da Bossa Nova à Tropicália
Santuza Cambraia Naves

Arqueologia da Amazônia
Eduardo Góes Neves

O Brasil dos imigrantes
Lucia Lippi Oliveira

Política externa brasileira
Leticia Pinheiro

Ditadura militar, esquerdas e sociedade
Daniel Aarão Reis

A Independência do Brasil
Iara Lis C. Souza

Partidos políticos no Brasil (1945-2000)
Rogerio Schmitt

O Império em procissão
Lilia Moritz Schwarcz

Modernismo e música brasileira
Elizabeth Travassos Lins

A fotografia no Império
Pedro Karp Vasquez

Brasil de todos os santos
Ronaldo Vainfas e Juliana Souza